Gebäudeenergiegesetz 2024

Gebäudeenergiegesetz – GEG 2024

Patrick Lemke

Gesetz zur Einsparung von Energie und zur Nutzung erneuerbarer Energien zur Wärme- und Kälteerzeugung in Gebäuden
(Gebäudeenergiegesetz - GEG)

GEG Ausfertigungsdatum: 08.08.2020

Vollzitat: "Gebäudeenergiegesetz vom 8. August 2020 (BGBl. I S. 1728), das durch Artikel 1 des Gesetzes vom 16. Oktober 2023 (BGBl. 2023 I Nr. 280) geändert worden ist"

Stand: Geändert durch Art. 18a G v. 20.7.2022 I 1237

Hinweis: Änderung durch Art. 1 G v. 16.10.2023 I Nr. 280 mWv 1.1.2024 bzw. 1.10.2024 noch nicht berücksichtigt

Teil 1
Allgemeiner Teil

§ 1 Zweck und Ziel

(1) Zweck dieses Gesetzes ist ein möglichst sparsamer Einsatz von Energie in Gebäuden einschließlich einer zunehmenden Nutzung erneuerbarer Energien zur Erzeugung von Wärme, Kälte und Strom für den Gebäudebetrieb.

(2) Unter Beachtung des Grundsatzes der Wirtschaftlichkeit soll das Gesetz im Interesse des Klimaschutzes, der Schonung fossiler Ressourcen und der Minderung der Abhängigkeit von Energieimporten dazu beitragen, die energie- und klimapolitischen Ziele der Bundesregierung sowie eine weitere Erhöhung des Anteils erneuerbarer Energien am Endenergieverbrauch für Wärme und Kälte zu erreichen und eine nachhaltige Entwicklung der Energieversorgung zu ermöglichen.

§ 2 Anwendungsbereich

(1) Dieses Gesetz ist anzuwenden auf

1. Gebäude, soweit sie nach ihrer Zweckbestimmung unter Einsatz von Energie beheizt oder gekühlt werden, und

2. deren Anlagen und Einrichtungen der Heizungs-, Kühl-, Raumluft- und Beleuchtungstechnik sowie der Warmwasserversorgung.

Der Energieeinsatz für Produktionsprozesse in Gebäuden ist nicht Gegenstand dieses Gesetzes.

(2) Mit Ausnahme der §§ 74 bis 78 ist dieses Gesetz nicht anzuwenden auf

1. Betriebsgebäude, die überwiegend zur Aufzucht oder zur Haltung von Tieren genutzt werden,

2. Betriebsgebäude, soweit sie nach ihrem Verwendungszweck großflächig und lang anhaltend offen gehalten werden müssen,

3. unterirdische Bauten,

4.

Unterglasanlagen und Kulturräume für Aufzucht, Vermehrung und Verkauf von Pflanzen,

5.

Traglufthallen und Zelte,

6.

Gebäude, die dazu bestimmt sind, wiederholt aufgestellt und zerlegt zu werden, und provisorische Gebäude mit einer geplanten Nutzungsdauer von bis zu zwei Jahren,

7.

Gebäude, die dem Gottesdienst oder anderen religiösen Zwecken gewidmet sind,

8.

Wohngebäude, die

a)

für eine Nutzungsdauer von weniger als vier Monaten jährlich bestimmt sind oder

b)

für eine begrenzte jährliche Nutzungsdauer bestimmt sind und deren zu erwartender Energieverbrauch für die begrenzte jährliche Nutzungsdauer weniger als 25 Prozent des zu erwartenden Energieverbrauchs bei ganzjähriger Nutzung beträgt, und

9.

sonstige handwerkliche, landwirtschaftliche, gewerbliche, industrielle oder für öffentliche Zwecke genutzte Betriebsgebäude, die nach ihrer Zweckbestimmung

a)

auf eine Raum-Solltemperatur von weniger als 12 Grad Celsius beheizt werden oder

b)

jährlich weniger als vier Monate beheizt sowie jährlich weniger als zwei Monate gekühlt werden.

(3) Auf Bestandteile von Anlagen der Heizungs-, Kühl- und Raumlufttechnik sowie der Warmwasserversorgung, die sich nicht im räumlichen Zusammenhang mit Gebäuden nach Absatz 1 Satz 1 Nummer 1 befinden, ist dieses Gesetz nicht anzuwenden.

§ 3 Begriffsbestimmungen

(1) Im Sinne dieses Gesetzes ist

1.

„Abwärme" die Wärme oder Kälte, die aus technischen Prozessen und aus baulichen Anlagen stammenden Abluft- und Abwasserströmen entnommen wird,

2.

„Aperturfläche" die Lichteintrittsfläche einer solarthermischen Anlage,

3.

„Baudenkmal" ein nach Landesrecht geschütztes Gebäude oder eine nach Landesrecht geschützte Gebäudemehrheit,

4.

„beheizter Raum" ein Raum, der nach seiner Zweckbestimmung direkt oder durch Raumverbund beheizt wird,

5.

„Brennwertkessel" ein Heizkessel, der die energetische Nutzung des in den Abgasen enthaltenen Wasserdampfes durch Kondensation des Wasserdampfes im Betrieb vorsieht,

6.

„einseitig angebautes Wohngebäude" ein Wohngebäude, von dessen nach einer Himmelsrichtung weisenden vertikalen Flächen ein Anteil von 80 Prozent oder mehr an ein anderes Wohngebäude oder ein Nichtwohngebäude mit einer Raum-Solltemperatur von mindestens 19 Grad Celsius angrenzt,

7.

„Elektroenergiebedarf für Nutzeranwendungen“ die weiteren Elektroenergieverbräuche nach DIN V 18599-9: 2018-09*,

8.

„Energiebedarfsausweis“ ein Energieausweis, der auf der Grundlage des berechneten Energiebedarfs ausgestellt wird,

9.

„Energieverbrauchsausweis“ ein Energieausweis, der auf der Grundlage des erfassten Energieverbrauchs ausgestellt wird,

10.

„Gebäudenutzfläche“ die Nutzfläche eines Wohngebäudes nach DIN V 18599: 2018-09, die beheizt oder gekühlt wird,

11.

„gekühlter Raum“ ein Raum, der nach seiner Zweckbestimmung direkt oder durch Raumverbund gekühlt wird,

12.

„Gesamtenergiebedarf“ der nach Maßgabe dieses Gesetzes bestimmte Jahres-Primärenergiebedarf

a)

eines Wohngebäudes für Heizung, Warmwasserbereitung, Lüftung sowie Kühlung oder

b)

eines Nichtwohngebäudes für Heizung, Warmwasserbereitung, Lüftung, Kühlung sowie eingebaute Beleuchtung,

13.

„Geothermie“ die dem Erdboden entnommene Wärme,

14.

„Heizkessel“ ein aus Kessel und Brenner bestehender Wärmeerzeuger, der dazu dient, die durch die Verbrennung freigesetzte Wärme an einen Wärmeträger zu übertragen,

15.

„Jahres-Primärenergiebedarf“ der jährliche Gesamtenergiebedarf eines Gebäudes, der zusätzlich zum Energiegehalt der eingesetzten Energieträger und von elektrischem Strom auch die vorgelagerten Prozessketten bei der Gewinnung, Umwandlung, Speicherung und Verteilung mittels Primärenergiefaktoren einbezieht,

16.

„Kälte aus erneuerbaren Energien“ die dem Erdboden oder dem Wasser entnommene und technisch nutzbar gemachte oder aus Wärme nach Absatz 2 Nummer 1 bis 5 technisch nutzbar gemachte Kälte,

17.

„kleines Gebäude“ ein Gebäude mit nicht mehr als 50 Quadratmetern Nutzfläche,

18.

„Klimaanlage“ die Gesamtheit aller zu einer gebäudetechnischen Anlage gehörenden Anlagenbestandteile, die für eine Raumluftbehandlung erforderlich sind, durch die die Temperatur geregelt wird,

19.

„Nah-/Fernwärme“ die Wärme, die mittels eines Wärmeträgers durch ein Wärmenetz verteilt wird,

20.

„Nah-/Fernkälte“ die Kälte, die mittels eines Kälteträgers durch ein Kältenetz verteilt wird,

21.

„Nennleistung“ die vom Hersteller festgelegte und im Dauerbetrieb unter Beachtung des vom Hersteller angegebenen Wirkungsgrades als einhaltbar garantierte größte Wärme- oder Kälteleistung in Kilowatt,

22.

„Nettogrundfläche" die Nutzfläche eines Nichtwohngebäudes nach DIN V 18599: 2018-09, die beheizt oder gekühlt wird,

23.

„Nichtwohngebäude" ein Gebäude, das nicht unter Nummer 33 fällt,

24.

„Niedertemperatur-Heizkessel" ein Heizkessel, der kontinuierlich mit einer Eintrittstemperatur von 35 Grad Celsius bis 40 Grad Celsius betrieben werden kann und in dem es unter bestimmten Umständen zur Kondensation des in den Abgasen enthaltenen Wasserdampfes kommen kann,

25.

„Niedrigstenergiegebäude" ein Gebäude, das eine sehr gute Gesamtenergieeffizienz aufweist und dessen Energiebedarf sehr gering ist und, soweit möglich, zu einem ganz wesentlichen Teil durch Energie aus erneuerbaren Quellen gedeckt werden soll,

26.

„Nutzfläche"

a)

bei einem Wohngebäude die Gebäudenutzfläche oder

b)

bei einem Nichtwohngebäude die Nettogrundfläche,

27.

„Nutzfläche mit starkem Publikumsverkehr" die öffentlich zugängliche Nutzfläche, die während ihrer Öffnungszeiten von einer großen Zahl von Menschen aufgesucht wird; eine solche Fläche kann sich insbesondere in einer öffentlichen oder einer privaten Einrichtung befinden, die für gewerbliche, freiberufliche, kulturelle, soziale oder behördliche Zwecke genutzt wird,

28.

„oberste Geschossdecke" die zugängliche Decke beheizter Räume zum unbeheizten Dachraum,

29.

„Stromdirektheizung" ein Gerät zur direkten Erzeugung von Raumwärme durch Ausnutzung des elektrischen Widerstands auch in Verbindung mit Festkörper-Wärmespeichern,

30.

„Umweltwärme" die der Luft, dem Wasser oder der aus technischen Prozessen und baulichen Anlagen stammenden Abwasserströmen entnommene und technisch nutzbar gemachte Wärme oder Kälte mit Ausnahme der aus technischen Prozessen und baulichen Anlagen stammenden Abluftströmen entnommenen Wärme,

31.

„Wärme- und Kälteenergiebedarf" die Summe aus

a)

der zur Deckung des Wärmebedarfs für Heizung und Warmwasserbereitung jährlich benötigten Wärmemenge, einschließlich des thermischen Aufwands für Übergabe, Verteilung und Speicherung der Energiemenge und

b)

der zur Deckung des Kältebedarfs für Raumkühlung jährlich benötigten Kältemenge, einschließlich des thermischen Aufwands für Übergabe, Verteilung und Speicherung der Energiemenge,

32.

„Wohnfläche" die Fläche, die nach der Wohnflächenverordnung vom 25. November 2003 (BGBl. I S. 2346) oder auf der Grundlage anderer Rechtsvorschriften oder anerkannter Regeln der Technik zur Berechnung von Wohnflächen ermittelt worden ist,

33.

„Wohngebäude“ ein Gebäude, das nach seiner Zweckbestimmung überwiegend dem Wohnen dient, einschließlich von Wohn-, Alten- oder Pflegeheimen sowie ähnlicher Einrichtungen,

34.

„zweiseitig angebautes Wohngebäude“ ein Wohngebäude, von dessen nach zwei unterschiedlichen Himmelsrichtungen weisenden vertikalen Flächen im Mittel ein Anteil von 80 Prozent oder mehr an ein anderes Wohngebäude oder ein Nichtwohngebäude mit einer Raum-Solltemperatur von mindestens 19 Grad Celsius angrenzt.

(2) Erneuerbare Energien im Sinne dieses Gesetzes ist oder sind

1.

Geothermie,

2.

Umweltwärme,

3.

die technisch durch im unmittelbaren räumlichen Zusammenhang mit dem Gebäude stehenden Anlagen zur Erzeugung von Strom aus solarer Strahlungsenergie oder durch solarthermische Anlagen zur Wärme- oder Kälteerzeugung nutzbar gemachte Energie,

4.

die technisch durch gebäudeintegrierte Windkraftanlagen zur Wärme- oder Kälteerzeugung nutzbar gemachte Energie,

5.

die aus fester, flüssiger oder gasförmiger Biomasse erzeugte Wärme; die Abgrenzung erfolgt nach dem Aggregatzustand zum Zeitpunkt des Eintritts der Biomasse in den Wärmeerzeuger; oder

6.

Kälte aus erneuerbaren Energien.

(3) Biomasse im Sinne von Absatz 2 Nummer 5 ist oder sind

1.

Biomasse im Sinne der Biomasseverordnung vom 21. Juni 2001 (BGBl. I S. 1234) in der bis zum 31. Dezember 2011 geltenden Fassung,

2.

Altholz der Kategorien A I und A II nach § 2 Nummer 4 Buchstabe a und b der Altholzverordnung vom 15. August 2002 (BGBl. I S. 3302), die zuletzt durch Artikel 120 der Verordnung vom 19. Juni 2020 (BGBl. I S. 1328) geändert worden ist,

3.

biologisch abbaubare Anteile von Abfällen aus Haushalten und Industrie,

4.

Deponiegas,

5.

Klärgas,

6.

Klärschlamm im Sinne der Klärschlammverordnung vom 27. September 2017 (BGBl. I S. 3465), die zuletzt durch Artikel 137 der Verordnung vom 19. Juni 2020 (BGBl. I S. 1328) geändert worden ist, in der jeweils geltenden Fassung oder

7.

Pflanzenölmethylester.

*

Amtlicher Hinweis: Alle zitierten DIN-Vornormen und -Normen sind im Beuth-Verlag GmbH, Berlin, veröffentlicht und beim Deutschen Patent- und Markenamt in München archivmäßig gesichert niedergelegt.

§ 4 Vorbildfunktion der öffentlichen Hand

(1) Einem Nichtwohngebäude, das sich im Eigentum der öffentlichen Hand befindet und von einer Behörde genutzt wird, kommt eine Vorbildfunktion zu. § 13 Absatz 2 des Bundes-Klimaschutzgesetzes vom 12. Dezember 2019 (BGBl. I S. 2513) bleibt unberührt.

(2) Wenn die öffentliche Hand ein Nichtwohngebäude im Sinne des Absatzes 1 Satz 1 errichtet oder einer grundlegenden Renovierung gemäß § 52 Absatz 2 unterzieht, muss sie prüfen, ob und in welchem Umfang Erträge durch die Errichtung einer im unmittelbaren räumlichen Zusammenhang mit dem Gebäude stehenden Anlage zur Erzeugung von Strom aus solarer Strahlungsenergie oder durch solarthermische Anlagen zur Wärme- und Kälteerzeugung erzielt und genutzt werden können.

(3) Die öffentliche Hand informiert über die Erfüllung der Vorbildfunktion im Internet oder auf sonstige geeignete Weise; dies kann im Rahmen der Information der Öffentlichkeit nach den Bestimmungen des Bundes und der Länder über den Zugang zu Umweltinformationen geschehen. Der Bund berichtet über die Erfüllung der Vorbildfunktion im Klimaschutzbericht der Bundesregierung.

§ 5 Grundsatz der Wirtschaftlichkeit

Die Anforderungen und Pflichten, die in diesem Gesetz oder in den auf Grund dieses Gesetzes erlassenen Rechtsverordnungen aufgestellt werden, müssen nach dem Stand der Technik erfüllbar sowie für Gebäude gleicher Art und Nutzung und für Anlagen oder Einrichtungen wirtschaftlich vertretbar sein. Anforderungen und Pflichten gelten als wirtschaftlich vertretbar, wenn generell die erforderlichen Aufwendungen innerhalb der üblichen Nutzungsdauer durch die eintretenden Einsparungen erwirtschaftet werden können. Bei bestehenden Gebäuden, Anlagen und Einrichtungen ist die noch zu erwartende Nutzungsdauer zu berücksichtigen.

§ 6 Verordnungsermächtigung zur Verteilung der Betriebskosten und zu Abrechnungs- und Verbrauchsinformationen

(1) Die Bundesregierung wird ermächtigt, durch Rechtsverordnung mit Zustimmung des Bundesrates vorzuschreiben, dass

1. der Energieverbrauch der Benutzer von heizungs-, kühl- oder raumlufttechnischen oder der Versorgung mit Warmwasser dienenden gemeinschaftlichen Anlagen oder Einrichtungen erfasst wird,

2. die Betriebskosten dieser Anlagen oder Einrichtungen so auf die Benutzer zu verteilen sind, dass dem Energieverbrauch der Benutzer Rechnung getragen wird,

3. die Benutzer in regelmäßigen, im Einzelnen zu bestimmenden Abständen auf klare und verständliche Weise Informationen erhalten über Daten, die für die Einschätzung, den Vergleich und die Steuerung des Energieverbrauchs und der Betriebskosten von heizungs-, kühl- oder raumlufttechnischen oder der Versorgung mit Warmwasser dienenden gemeinschaftlichen Anlagen oder Einrichtungen relevant sind, und über Stellen, bei denen weitergehende Informationen und Dienstleistungen zum Thema Energieeffizienz verfügbar sind,

4. die zum Zwecke der Datenverarbeitung eingesetzte Technik einem Stand der Technik entsprechen muss, der Datenschutz, Datensicherheit und Interoperabilität gewährleistet, und

5. bei einem Wechsel des Abrechnungsdienstleisters oder einer Übernahme der Abrechnung durch den Gebäudeeigentümer die für die Abrechnung notwendigen Daten dem neuen Abrechnungsdienstleister oder dem Gebäudeeigentümer zugänglich gemacht werden müssen.

(2) In der Rechtsverordnung nach Absatz 1 können die Erfassung und Kostenverteilung abweichend von Vereinbarungen der Benutzer und von Vorschriften des Wohnungseigentumsgesetzes geregelt und es kann näher bestimmt werden, wie diese Regelungen sich auf die Rechtsverhältnisse zwischen den Beteiligten auswirken.

(3) In der Rechtsverordnung nach Absatz 1 ist vorzusehen, dass auf Antrag des Verpflichteten von den Anforderungen befreit werden kann, soweit diese im Einzelfall wegen besonderer Umstände durch einen unangemessenen Aufwand oder in sonstiger Weise zu einer unbilligen Härte führen.

(4) In der Rechtsverordnung nach Absatz 1 sind die erforderlichen technischen und organisatorischen Maßnahmen nach den Artikeln 24, 25 und 32 der Verordnung (EU) 2016/679 des Europäischen Parlaments und des Rates vom 27. April 2016 zum Schutz natürlicher Personen bei der Verarbeitung personenbezogener Daten, zum freien Datenverkehr und zur Aufhebung der Richtlinie 95/46/EG (Datenschutz-Grundverordnung) (ABl. L 119 vom 4.5.2016, S. 1; L 314 vom 22.11.2016, S. 72; L 127 vom 23.5.2018, S. 2) in der jeweils geltenden Fassung zur Sicherstellung von Datenschutz und Datensicherheit bei der Verarbeitung der für die in Absatz 1 Nummer 1 bis 4 genannten Zwecke erforderlichen personenbezogenen Daten festzulegen.

(5) Die Rechtsverordnung nach Absatz 1 hat vorzusehen, dass der Stand der Technik nach Absatz 1 Nummer 4 jeweils in Technischen Richtlinien und Schutzprofilen des Bundesamts für Sicherheit in der Informationstechnik festgelegt wird.

§ 6a Verordnungsermächtigung zur Versorgung mit Fernkälte

Das Bundesministerium für Wirtschaft und Energie kann im Einvernehmen mit dem Bundesministerium der Justiz und für Verbraucherschutz durch Rechtsverordnung mit Zustimmung des Bundesrates die Allgemeinen Bedingungen für die Versorgung mit Fernkälte einschließlich von Rahmenregelungen über die Entgelte ausgewogen gestalten und hierbei unter angemessener Berücksichtigung der beiderseitigen Interessen

1. die Bestimmungen der Verträge einheitlich festsetzen,
2. Regelungen über den Vertragsschluss, den Gegenstand und die Beendigung der Verträge treffen sowie
3. die Rechte und Pflichten der Vertragsparteien festlegen.

Satz 1 gilt entsprechend für Bedingungen öffentlich-rechtlich gestalteter Versorgungsverhältnisse mit Ausnahme der Regelung des Verwaltungsverfahrens.

§ 7 Regeln der Technik

(1) Das Bundesministerium für Wirtschaft und Energie kann gemeinsam mit dem Bundesministerium des Innern, für Bau und Heimat durch Bekanntmachung im Bundesanzeiger auf Veröffentlichungen sachverständiger Stellen über anerkannte Regeln der Technik hinweisen, soweit in diesem Gesetz auf solche Regeln Bezug genommen wird.

(2) Zu den anerkannten Regeln der Technik gehören auch Normen, technische Vorschriften oder sonstige Bestimmungen anderer Mitgliedstaaten der Europäischen Union und anderer Vertragsstaaten des Abkommens über den Europäischen Wirtschaftsraum sowie der Republik Türkei, wenn ihre Einhaltung das geforderte Schutzniveau in Bezug auf Energieeinsparung und Wärmeschutz dauerhaft gewährleistet.

(3) Wenn eine Bewertung von Baustoffen, Bauteilen und Anlagen im Hinblick auf die Anforderungen dieses Gesetzes auf Grund anerkannter Regeln der Technik nicht möglich ist, weil solche Regeln nicht vorliegen oder wesentlich von ihnen abgewichen wird, sind der nach Landesrecht zuständigen Behörde die erforderlichen Nachweise für eine anderweitige Bewertung vorzulegen. Satz 1 ist nicht anzuwenden auf Baustoffe, Bauteile und Anlagen,

1. wenn für sie die Bewertung auch im Hinblick auf die Anforderungen zur Energieeinsparung im Sinne dieses Gesetzes durch die Verordnung (EU) Nr. 305/2011 des Europäischen Parlaments und des Rates vom 9. März 2011 zur Festlegung harmonisierter Bedingungen für die Vermarktung von Bauprodukten und zur Aufhebung der Richtlinie 89/106/EWG des Rates (ABl. L 88 vom 4.4.2011, S. 5; L 103 vom 12.4.2013, S. 10; L 92 vom 8.4.2015, S. 118), die zuletzt durch die Delegierte Verordnung (EU) Nr. 574/2014 (ABl. L 159 vom 28.5.2014, S. 41) geändert worden ist, oder durch nationale Rechtsvorschriften zur Umsetzung oder Durchführung von Rechtsvorschriften der

Europäischen Union gewährleistet wird, erforderliche CE-Kennzeichnungen angebracht wurden und nach den genannten Vorschriften zulässige Klassen und Leistungsstufen nach Maßgabe landesrechtlicher Vorschriften eingehalten werden oder

2.

bei denen nach bauordnungsrechtlichen Vorschriften über die Verwendung von Bauprodukten auch die Einhaltung dieses Gesetzes sichergestellt wird.

(4) Verweisen die nach diesem Gesetz anzuwendenden datierten technischen Regeln auf undatierte technische Regeln, sind diese in der Fassung anzuwenden, die dem Stand zum Zeitpunkt der Herausgabe der datierten technischen Regel entspricht.

(5) Das Bundesministerium für Wirtschaft und Energie und das Bundesministerium des Innern, für Bau und Heimat werden dem Deutschen Bundestag bis zum 31. Dezember 2022 gemeinsam einen Bericht über die Ergebnisse von Forschungsprojekten zu Methodiken zur ökobilanziellen Bewertung von Wohn- und Nichtwohngebäuden vorlegen.

§ 8 Verantwortliche

(1) Für die Einhaltung der Vorschriften dieses Gesetzes ist der Bauherr oder Eigentümer verantwortlich, soweit in diesem Gesetz nicht ausdrücklich ein anderer Verantwortlicher bezeichnet ist.

(2) Für die Einhaltung der Vorschriften dieses Gesetzes sind im Rahmen ihres jeweiligen Wirkungskreises auch die Personen verantwortlich, die im Auftrag des Eigentümers oder des Bauherren bei der Errichtung oder Änderung von Gebäuden oder der Anlagentechnik in Gebäuden tätig werden.

§ 9 Überprüfung der Anforderungen an zu errichtende und bestehende Gebäude

(1) Das Bundesministerium für Wirtschaft und Energie und das Bundesministerium des Innern, für Bau und Heimat werden die Anforderungen an zu errichtende Gebäude nach Teil 2 und die Anforderungen an bestehende Gebäude nach Teil 3 Abschnitt 1 nach Maßgabe von § 5 und unter Wahrung des Grundsatzes der Technologieoffenheit im Jahr 2023 überprüfen und nach Maßgabe der Ergebnisse der Überprüfung innerhalb von sechs Monaten nach Abschluss der Überprüfung einen Gesetzgebungsvorschlag für eine Weiterentwicklung der Anforderungen an zu errichtende und bestehende Gebäude vorlegen. Die Bezahlbarkeit des Bauens und Wohnens ist ein zu beachtender wesentlicher Eckpunkt.

(2) Das Bundesministerium für Wirtschaft und Energie und das Bundesministerium des Innern, für Bau und Heimat werden unter Wahrung der Maßgaben des Absatzes 1 bis zum Jahr 2023 prüfen, auf welche Weise und in welchem Umfang synthetisch erzeugte Energieträger in flüssiger oder gasförmiger Form bei der Erfüllung der Anforderungen an zu errichtende Gebäude nach Teil 2 und bei der Erfüllung der Anforderungen an bestehende Gebäude nach Teil 3 Abschnitt 1 Berücksichtigung finden können.

Teil 2
Anforderungen an zu errichtende Gebäude

Abschnitt 1
Allgemeiner Teil

§ 10 Grundsatz und Niedrigstenergiegebäude

(1) Wer ein Gebäude errichtet, hat dieses als Niedrigstenergiegebäude nach Maßgabe von Absatz 2 zu errichten.

(2) Das Gebäude ist so zu errichten, dass

1.

der Gesamtenergiebedarf für Heizung, Warmwasserbereitung, Lüftung und Kühlung, bei Nichtwohngebäuden auch für eingebaute Beleuchtung, den jeweiligen Höchstwert nicht überschreitet, der sich nach § 15 oder § 18 ergibt,

2.

Energieverluste beim Heizen und Kühlen durch baulichen Wärmeschutz nach Maßgabe von § 16 oder § 19 vermieden werden und

3.

der Wärme- und Kälteenergiebedarf zumindest anteilig durch die Nutzung erneuerbarer Energien nach Maßgabe der §§ 34 bis 45 gedeckt wird.

(3) Die Anforderungen an die Errichtung von einem Gebäude nach diesem Gesetz finden keine Anwendung, soweit ihre Erfüllung anderen öffentlich-rechtlichen Vorschriften zur Standsicherheit, zum Brandschutz, zum Schallschutz, zum Arbeitsschutz oder zum Schutz der Gesundheit entgegensteht.

(4) Bei einem zu errichtenden Nichtwohngebäude ist die Anforderung nach Absatz 2 Nummer 3 nicht für Gebäudezonen mit mehr als 4 Metern Raumhöhe anzuwenden, die durch dezentrale Gebläse oder Strahlungsheizungen beheizt werden.

(5) Die Anforderung nach Absatz 2 Nummer 3 ist nicht auf ein Gebäude, das der Landesverteidigung dient, anzuwenden, soweit ihre Erfüllung der Art und dem Hauptzweck der Landesverteidigung entgegensteht.

§ 11 Mindestwärmeschutz

(1) Bei einem zu errichtenden Gebäude sind Bauteile, die gegen die Außenluft, das Erdreich oder gegen Gebäudeteile mit wesentlich niedrigeren Innentemperaturen abgrenzen, so auszuführen, dass die Anforderungen des Mindestwärmeschutzes nach DIN 4108-2: 2013-02 und DIN 4108-3: 2018-10 erfüllt werden.

(2) Ist bei einem zu errichtenden Gebäude bei aneinandergereihter Bebauung die Nachbarbebauung nicht gesichert, müssen die Gebäudetrennwände den Anforderungen an den Mindestwärmeschutz nach Absatz 1 genügen.

§ 12 Wärmebrücken

Ein Gebäude ist so zu errichten, dass der Einfluss konstruktiver Wärmebrücken auf den Jahres-Heizwärmebedarf nach den anerkannten Regeln der Technik und nach den im jeweiligen Einzelfall wirtschaftlich vertretbaren Maßnahmen so gering wie möglich gehalten wird.

§ 13 Dichtheit

Ein Gebäude ist so zu errichten, dass die wärmeübertragende Umfassungsfläche einschließlich der Fugen dauerhaft luftundurchlässig nach den anerkannten Regeln der Technik abgedichtet ist. Öffentlich-rechtliche Vorschriften über den zum Zweck der Gesundheit und Beheizung erforderlichen Mindestluftwechsel bleiben unberührt.

§ 14 Sommerlicher Wärmeschutz

(1) Ein Gebäude ist so zu errichten, dass der Sonneneintrag durch einen ausreichenden baulichen sommerlichen Wärmeschutz nach den anerkannten Regeln der Technik begrenzt wird. Bei der Ermittlung eines ausreichenden sommerlichen Wärmeschutzes nach den Absätzen 2 und 3 bleiben die öffentlich-rechtlichen Vorschriften über die erforderliche Tageslichtversorgung unberührt.

(2) Ein ausreichender sommerlicher Wärmeschutz nach Absatz 1 liegt vor, wenn die Anforderungen nach DIN 4108-2: 2013-02 Abschnitt 8 eingehalten werden und die rechnerisch ermittelten Werte des Sonnenenergieeintrags über transparente Bauteile in Gebäude (Sonneneintragskennwert) die in DIN 4108-2: 2013-02 Abschnitt 8.3.3 festgelegten Anforderungswerte nicht überschreiten. Der Sonneneintragskennwert des zu errichtenden Gebäudes ist nach dem in DIN 4108-2: 2013-02 Abschnitt 8.3.2 genannten Verfahren zu bestimmen.

(3) Ein ausreichender sommerlicher Wärmeschutz nach Absatz 1 liegt auch vor, wenn mit einem Berechnungsverfahren nach DIN 4108-2: 2013-02 Abschnitt 8.4 (Simulationsrechnung) gezeigt werden kann, dass unter den dort genannten Randbedingungen die für den Standort des Gebäudes in DIN 4108-2: 2013-02 Abschnitt 8.4 Tabelle 9 angegebenen Übertemperatur-Gradstunden nicht überschritten werden.

(4) Wird bei Gebäuden mit Anlagen zur Kühlung die Berechnung nach Absatz 3 durchgeführt, sind bauliche Maßnahmen zum sommerlichen Wärmeschutz gemäß DIN 4108-2: 2013-02 Abschnitt 4.3 insoweit vorzusehen, wie sich die Investitionen für diese baulichen Maßnahmen innerhalb deren üblicher Nutzungsdauer durch die Einsparung von Energie zur Kühlung unter Zugrundelegung der im Gebäude installierten Anlagen zur Kühlung erwirtschaften lassen.

(5) Auf Berechnungen nach den Absätzen 2 bis 4 kann unter den Voraussetzungen des Abschnitts 8.2.2 der DIN 4108-2: 2013-02 verzichtet werden.

Abschnitt 2
Jahres-Primärenergiebedarf und baulicher Wärmeschutz bei zu errichtenden Gebäuden

Unterabschnitt 1
Wohngebäude

§ 15 Gesamtenergiebedarf

(1) Ein zu errichtendes Wohngebäude ist so zu errichten, dass der Jahres-Primärenergiebedarf für Heizung, Warmwasserbereitung, Lüftung und Kühlung das 0,55fache des auf die Gebäudenutzfläche bezogenen Wertes des Jahres-Primärenergiebedarfs eines Referenzgebäudes, das die gleiche Geometrie, Gebäudenutzfläche und Ausrichtung wie das zu errichtende Gebäude aufweist und der technischen Referenzausführung der Anlage 1 entspricht, nicht überschreitet.

(2) Der Höchstwert des Jahres-Primärenergiebedarfs eines zu errichtenden Wohngebäudes nach Absatz 1 ist nach Maßgabe des § 20, der §§ 22 bis 24, des § 25 Absatz 1 bis 3 und 10, der §§ 26 bis 29, des § 31 und des § 33 zu berechnen.

§ 16 Baulicher Wärmeschutz

Ein zu errichtendes Wohngebäude ist so zu errichten, dass der Höchstwert des spezifischen, auf die wärmeübertragende Umfassungsfläche bezogenen Transmissionswärmeverlusts das 1,0fache des entsprechenden Wertes des jeweiligen Referenzgebäudes nach § 15 Absatz 1 nicht überschreitet.

§ 17 Aneinandergereihte Bebauung

Werden aneinandergereihte Wohngebäude gleichzeitig errichtet, dürfen sie hinsichtlich der Anforderungen der §§ 12, 14, 15 und 16 wie ein Gebäude behandelt werden. Die Vorschriften des Teiles 5 bleiben unberührt.

Unterabschnitt 2
Nichtwohngebäude

§ 18 Gesamtenergiebedarf

(1) Ein zu errichtendes Nichtwohngebäude ist so zu errichten, dass der Jahres-Primärenergiebedarf für Heizung, Warmwasserbereitung, Lüftung, Kühlung und eingebaute Beleuchtung das 0,55fache des auf die Nettogrundfläche bezogenen Wertes des Jahres-Primärenergiebedarfs eines Referenzgebäudes, das die gleiche Geometrie, Nettogrundfläche, Ausrichtung und Nutzung, einschließlich der Anordnung der Nutzungseinheiten, wie das zu errichtende Gebäude aufweist und der technischen Referenzausführung der Anlage 2 entspricht, nicht überschreitet. Die technische Referenzausführung in der Anlage 2 Nummer 1.13 bis 9 ist nur insoweit zu berücksichtigen, wie eines der dort genannten Systeme in dem zu errichtenden Gebäude ausgeführt wird.

(2) Der Höchstwert des Jahres-Primärenergiebedarfs nach Absatz 1 eines zu errichtenden Nichtwohngebäudes ist nach Maßgabe der §§ 21 bis 24, des § 25 Absatz 1, 2 und 4 bis 8, der §§ 26 und 27, des § 30 und der §§ 32 und 33 zu berechnen.

(3) Wird ein zu errichtendes Nichtwohngebäude für die Berechnung des Jahres-Primärenergiebedarfs nach unterschiedlichen Nutzungen unterteilt und kommt für die unterschiedlichen Nutzungen jeweils das Berechnungsverfahren nach § 21 Absatz 1 und 2 mit deren jeweiligen Randbedingungen zur Anwendung, muss die Unterteilung hinsichtlich der Nutzung sowie der verwendeten Berechnungsverfahren und Randbedingungen beim Referenzgebäude mit der des zu errichtenden Gebäudes übereinstimmen. Bei der Unterteilung hinsichtlich der anlagentechnischen Ausstattung und der Tageslichtversorgung sind Unterschiede zulässig, die durch die technische Ausführung des zu errichtenden Gebäudes bedingt sind.

§ 19 Baulicher Wärmeschutz

Ein zu errichtendes Nichtwohngebäude ist so zu errichten, dass die Höchstwerte der mittleren Wärmedurchgangskoeffizienten der wärmeübertragenden Umfassungsfläche der Anlage 3 nicht überschritten werden.

Abschnitt 3
Berechnungsgrundlagen und -verfahren

§ 20 Berechnung des Jahres-Primärenergiebedarfs eines Wohngebäudes

(1) Für das zu errichtende Wohngebäude und das Referenzgebäude ist der Jahres-Primärenergiebedarf nach DIN V 18599: 2018-09 zu ermitteln.

(2) Bis zum 31. Dezember 2023 kann für das zu errichtende Wohngebäude und das Referenzgebäude der Jahres-Primärenergiebedarf auch nach DIN V 4108-6: 2003-06, geändert durch DIN V 4108-6 Berichtigung 1: 2004-03, in Verbindung mit DIN V 4701-10: 2003-08 ermittelt werden, wenn das Gebäude nicht gekühlt wird. Der in diesem Rechengang zu bestimmende Jahres-Heizwärmebedarf ist nach dem Monatsbilanzverfahren nach DIN V 4108-6: 2003-06, geändert durch DIN V 4108-6 Berichtigung 1: 2004-03, mit den dort in Anhang D.3 genannten Randbedingungen zu ermitteln. Als Referenzklima ist abweichend von DIN V 4108-6: 2003-06, geändert durch DIN V 4108-6 Berichtigung 1: 2004-03, das Klima nach DIN V 18599-10: 2018-09 Anhang E zu verwenden. Der Nutzwärmebedarf für die Warmwasserbereitung nach DIN V 4701-10: 2003-08 ist mit 12,5 Kilowattstunden je Quadratmeter Gebäudenutzfläche und Jahr anzusetzen. Zur Berücksichtigung von Lüftungsanlagen mit Wärmerückgewinnung sind die methodischen Hinweise in DIN V 4701-10: 2003-08 Abschnitt 4.1 zu beachten.

(3) Die Berechnungen sind für das zu errichtende Gebäude und das Referenzgebäude mit demselben Verfahren durchzuführen.

(4) Abweichend von DIN V 18599-1: 2018-09 sind bei der Berechnung des Endenergiebedarfs diejenigen Anteile nicht zu berücksichtigen, die durch in unmittelbarem räumlichen Zusammenhang zum Gebäude gewonnene solare Strahlungsenergie sowie Umweltwärme gedeckt werden.

(5) Abweichend von DIN V 18599-1: 2018-09 ist bei der Berechnung des Primärenergiebedarfs der Endenergiebedarf für elektrische Nutzeranwendungen in der Bilanzierung nicht zu berücksichtigen.

(6) Werden in den Berechnungen nach den Absätzen 1 und 2 Wärmedurchgangskoeffizienten berechnet, sind folgende Berechnungsverfahren anzuwenden:

1. DIN V 18599-2: 2018-09 Abschnitt 6.1.4.3 für die Berechnung der an Erdreich grenzenden Bauteile,
2. DIN 4108-4: 2017-03 in Verbindung mit DIN EN ISO 6946: 2008-04 für die Berechnung opaker Bauteile und
3. DIN 4108-4: 2017-03 für die Berechnung transparenter Bauteile sowie von Vorhangfassaden.

§ 21 Berechnung des Jahres-Primärenergiebedarfs eines Nichtwohngebäudes

(1) Für das zu errichtende Nichtwohngebäude und das Referenzgebäude ist der Jahres-Primärenergiebedarf nach DIN V 18599: 2018-09 zu ermitteln.

(2) Soweit sich bei einem Nichtwohngebäude Flächen hinsichtlich ihrer Nutzung, ihrer technischen Ausstattung, ihrer inneren Lasten oder ihrer Versorgung mit Tageslicht wesentlich unterscheiden, ist das Gebäude nach Maßgabe der DIN V 18599: 2018-09 in Verbindung mit § 18 Absatz 3 für die Berechnung nach Absatz 1 in Zonen zu unterteilen. Die Vereinfachungen zur Zonierung, zur pauschalierten Zuweisung der Eigenschaften der Hüllfläche und zur Ermittlung von tageslichtversorgten Bereichen gemäß DIN V 18599-1: 2018-09 Anhang D dürfen nach Maßgabe der dort angegebenen Bedingungen auch für zu errichtende Nichtwohngebäude verwendet werden.

(3) Für Nutzungen, die nicht in DIN V 18599-10: 2018-09 aufgeführt sind, kann

1. die Nutzung 17 der Tabelle 5 in DIN V 18599-10: 2018-09 verwendet werden oder
2. eine Nutzung auf der Grundlage der DIN V 18599-10: 2018-09 unter Anwendung gesicherten allgemeinen

Wissensstandes individuell bestimmt und verwendet werden.

Steht bei der Errichtung eines Nichtwohngebäudes die Nutzung einer Zone noch nicht fest, ist nach Satz 1 Nummer 1 zu verfahren. In den Fällen des Satzes 1 Nummer 2 ist die individuell bestimmte Nutzung zu begründen und den Berechnungen beizufügen. Wird bei der Errichtung eines Nichtwohngebäudes in einer Zone keine Beleuchtungsanlage eingebaut, ist eine direkt-indirekte Beleuchtung mit stabförmigen Leuchtstofflampen mit einem Durchmesser von 16 Millimetern und mit einem elektronischen Vorschaltgerät anzunehmen.
(4) § 20 Absatz 3 bis 6 ist entsprechend anzuwenden.

§ 22 Primärenergiefaktoren

(1) Für die Ermittlung des Jahres-Primärenergiebedarfs nach § 20 Absatz 1 oder Absatz 2 und nach § 21 Absatz 1 und 2 sind für den nicht erneuerbaren Anteil die Primärenergiefaktoren der Anlage 4 zu verwenden. Davon abweichend sind in den nachfolgend genannten Fällen folgende Primärenergiefaktoren für den nicht erneuerbaren Anteil zu verwenden:

1.

für flüssige oder gasförmige Biomasse kann abweichend von Anlage 4 Nummer 6 und 7 für den nicht erneuerbaren Anteil der Wert 0,3 verwendet werden,

a)

wenn die flüssige oder gasförmige Biomasse im unmittelbaren räumlichen Zusammenhang mit dem Gebäude oder mit mehreren Gebäuden, die im räumlichen Zusammenhang stehen, erzeugt wird und

b)

diese Gebäude unmittelbar mit der flüssigen oder gasförmigen Biomasse versorgt werden; mehrere Gebäude müssen gemeinsam versorgt werden,

2.

für gasförmige Biomasse, die aufbereitet und in das Erdgasnetz eingespeist worden ist (Biomethan) und in zu errichtenden Gebäuden eingesetzt wird, kann abweichend von Anlage 4 Nummer 6 für den nicht erneuerbaren Anteil

a)

der Wert 0,7 verwendet werden, wenn die Nutzung des Biomethans in einem Brennwertkessel erfolgt, oder

b)

der Wert 0,5 verwendet werden, wenn die Nutzung des Biomethans in einer hocheffizienten KWK-Anlage im Sinne des § 2 Nummer 8a des Kraft-Wärme-Kopplungsgesetzes vom 21. Dezember 2015 (BGBl. I S. 2498), das zuletzt durch Artikel 266 der Verordnung vom 19. Juni 2020 (BGBl. I S. 1328) geändert worden ist, erfolgt, und wenn

c)

bei der Aufbereitung und Einspeisung des Biomethans die Voraussetzungen nach Anlage 1 Nummer 1 Buchstabe a bis c des Erneuerbare-Energien-Gesetzes vom 25. Oktober 2008 (BGBl. I S. 2074) in der am 31. Juli 2014 geltenden Fassung erfüllt worden sind, und

d)

die Menge des entnommenen Biomethans im Wärmeäquivalent am Ende eines Kalenderjahres der Menge von Gas aus Biomasse entspricht, das an anderer Stelle in das Gasnetz eingespeist worden ist, und Massenbilanzsysteme für den gesamten Transport und Vertrieb des Biomethans von seiner Herstellung über seine Einspeisung in das Erdgasnetz und seinen Transport im Erdgasnetz bis zu seiner Entnahme aus dem Erdgasnetz verwendet worden sind,

3.

für gasförmige Biomasse, die unter Druck verflüssigt worden ist (biogenes Flüssiggas) und in zu errichtenden Gebäuden eingesetzt wird, kann abweichend von Anlage 4 Nummer 6 für den nicht erneuerbaren Anteil

a)

der Wert 0,7 verwendet werden, wenn die Nutzung des biogenen Flüssiggases in einem Brennwertkessel erfolgt, oder

b)

der Wert 0,5 verwendet werden, wenn die Nutzung des biogenen Flüssiggases in einer hocheffizienten KWK-Anlage im Sinne des § 2 Nummer 8a des Kraft-Wärme-Kopplungsgesetzes erfolgt, und wenn

c)

die Menge des entnommenen Gases am Ende eines Kalenderjahres der Menge von Gas aus Biomasse entspricht, das an anderer Stelle hergestellt worden ist, und Massenbilanzsysteme für den gesamten Transport und Vertrieb des biogenen Flüssiggases von seiner Herstellung über seine Zwischenlagerung und seinen Transport bis zu seiner Einlagerung in den Verbrauchstank verwendet worden sind,

4.

für die Versorgung eines neu zu errichtenden Gebäudes mit aus Erdgas oder Flüssiggas erzeugter Wärme darf abweichend von Anlage 4 Nummer 15 für die in einer hocheffizienten KWK-Anlage im Sinne des § 2 Nummer 8a des Kraft-Wärme-Kopplungsgesetzes erzeugte Wärme für den nicht erneuerbaren Anteil der Wert 0,6 verwendet werden, wenn

a)

die Wärmerzeugungsanlage das zu errichtende Gebäude und ein oder mehrere bestehende Gebäude, die mit dem zu errichtenden Gebäude in einem räumlichen Zusammenhang stehen, dauerhaft mit Wärme versorgt und

b)

vorhandene mit fossilen Brennstoffen beschickte Heizkessel des oder der mitversorgten bestehenden Gebäude außer Betrieb genommen werden.

Durch eine Maßnahme nach Satz 2 Nummer 4 darf die Wärmeversorgung des oder der mitversorgten bestehenden Gebäude nicht in der Weise verändert werden, dass die energetische Qualität dieses oder dieser Gebäude verschlechtert wird. Bei Verwendung eines Gemisches aus Erdgas und gasförmiger Biomasse wird der Wert nach Satz 2 Nummer 2 Buchstabe a und b nur auf den energetischen Anteil der gasförmigen Biomasse angewendet. Bei Verwendung eines Gemisches aus biogenem Flüssiggas und Flüssiggas wird der Wert nach Satz 2 Nummer 3 Buchstabe a und b nur auf den energetischen Anteil des biogenen Flüssiggases angewendet.

(2) Wird ein zu errichtendes Gebäude mit Fernwärme versorgt, kann zur Ermittlung des Jahres-Primärenergiebedarfs nach § 20 Absatz 1 oder Absatz 2 und nach § 21 Absatz 1 und 2 als Primärenergiefaktor der Wert für den nicht erneuerbaren Anteil nach Maßgabe der Sätze 2 bis 4 sowie von Absatz 3 verwendet werden, den das Fernwärmeversorgungsunternehmen für den Wärmeträger in dem Wärmenetz, an das das Gebäude angeschlossen wird, ermittelt und veröffentlicht hat. Der ermittelte und veröffentlichte Wert nach Satz 1 kann verwendet werden, wenn das Fernwärmeversorgungsunternehmen zur Ermittlung des Primärenergiefaktors die zur Erzeugung und Verteilung der Wärme in einem Wärmenetz eingesetzten Brennstoffe und Strom, einschließlich Hilfsenergien, ermittelt, mit den Primärenergiefaktoren der Anlage 4 gewichtet und auf die abgegebene Wärmemenge bezogen sowie die Anwendung dieses Berechnungsverfahrens in der Veröffentlichung angegeben hat. Wird in einem Wärmenetz Wärme genutzt, die von einer Großwärmepumpe mit einer thermischen Leistung von mindestens 500 Kilowatt erzeugt wird, ist abweichend von Anlage 4 für netzbezogenen Strom zum Betrieb der Großwärmepumpe der Primärenergiefaktor für den nicht erneuerbaren Anteil von 1,2 zu verwenden. Wird in einem Wärmenetz Wärme genutzt, die in einer KWK-Anlage erzeugt wird, kann der ermittelte und veröffentlichte Wert nach Satz 1 verwendet werden, wenn das Fernwärmeversorgungsunternehmen zur Ermittlung des Primärenergiefaktors der Wärme aus der KWK-Anlage das Berechnungsverfahren nach DIN V 18599-1: 2018-09 Anhang A Abschnitt A.4 mit den Primärenergiefaktoren der Anlage 4 angewendet und die Anwendung dieser Methode in der Veröffentlichung angegeben hat.

(3) Liegt der ermittelte und veröffentlichte Wert des Primärenergiefaktors eines Wärmenetzes unter einem Wert von 0,3, ist als Primärenergiefaktor der Wert von 0,3 zu verwenden. Abweichend von Satz 1 darf ein ermittelter und veröffentlichter Wert, der unter 0,3 liegt, verwendet werden, wenn der Wert von 0,3 um den Wert von 0,001 für jeden Prozentpunkt des aus erneuerbaren Energien oder aus Abwärme erzeugten Anteils der in einem Wärmenetz genutzten Wärme verringert wird und das Fernwärmeversorgungsunternehmen dies in der Veröffentlichung angegeben hat.

(4) Hat das Fernwärmeversorgungsunternehmen den Primärenergiefaktor für den Wärmeträger in dem Wärmenetz, an das das zu errichtende Gebäude angeschlossen wird, nicht ermittelt und veröffentlicht, kann als Primärenergiefaktor der Wert für den nicht erneuerbaren Anteil verwendet werden, der in den nach § 20 Absatz 1 oder Absatz 2 und nach § 21 Absatz 1 und 2 zur Ermittlung des Jahres-Primärenergiebedarfs zu verwendenden Berechnungsverfahren für die genutzte Fernwärme aufgeführt ist.

(5) Das Bundesministerium für Wirtschaft und Energie wird gemeinsam mit dem Bundesministerium des Innern, für Bau und Heimat das Berechnungsverfahren zur Ermittlung der Primärenergiefaktoren von Wärmenetzen, in denen Wärme genutzt wird, die in KWK-Anlagen erzeugt wird, überprüfen. Dabei wird unter Beachtung des Grundsatzes der Wirtschaftlichkeit die Umstellung des Berechnungsverfahrens auf ein Verfahren zur Ermittlung des Brennstoffanteils für die Wärmeerzeugung untersucht, das der in DIN EN 15316-4-5: 2017-09 Abschnitt 6.2.2.1.6.3 beschriebenen Methode entspricht. In die Untersuchung wird die Ermittlung eines Faktors einbezogen, mit dem der Anteil bestehender Gebäude an den an ein Fernwärmenetz angeschlossenen Gebäuden berücksichtigt wird. Das Bundesministerium für Wirtschaft und Energie hat gemeinsam mit dem Bundesministerium des Innern, für Bau und Heimat dem Deutschen Bundestag bis zum 31. Dezember 2025 einen Bericht über das Ergebnis der Überprüfung vorzulegen. Der Bericht enthält einen Vorschlag für eine gesetzliche Regelung zur Umstellung des Berechnungsverfahrens ab dem Jahr 2030.

§ 23 Anrechnung von Strom aus erneuerbaren Energien

(1) Strom aus erneuerbaren Energien, der im unmittelbaren räumlichen Zusammenhang zu einem zu errichtenden Gebäude erzeugt wird, darf bei der Ermittlung des Jahres-Primärenergiebedarfs des zu errichtenden Gebäudes nach § 20 Absatz 1 oder Absatz 2 und nach § 21 Absatz 1 und 2 nach Maßgabe des Absatzes 2 in Abzug gebracht werden.

(2) Zur Berechnung der abzugsfähigen Strommenge nach Absatz 1 ist der monatliche Ertrag der Anlage zur Erzeugung von Strom aus erneuerbaren Energien dem Strombedarf für Heizung, Warmwasserbereitung, Lüftung, Kühlung und Hilfsenergien sowie bei Nichtwohngebäuden zusätzlich für Beleuchtung gegenüberzustellen. Der monatliche Ertrag ist nach DIN V 18599-9: 2018-09 zu bestimmen. Bei Anlagen zur Erzeugung von Strom aus solarer Strahlungsenergie sind die monatlichen Stromerträge unter Verwendung der mittleren monatlichen Strahlungsintensitäten der Referenzklimazone Potsdam nach DIN V 18599-10: 2018-09 Anhang E sowie der Standardwerte zur Ermittlung der Nennleistung des Photovoltaikmoduls nach DIN V 18599-9: 2018-09 Anhang B zu ermitteln.

§ 24 Einfluss von Wärmebrücken

Unbeschadet der Regelung in § 12 ist der verbleibende Einfluss von Wärmebrücken bei der Ermittlung des Jahres-Primärenergiebedarfs nach § 20 Absatz 1 oder Absatz 2 und nach § 21 Absatz 1 und 2 nach einer der in DIN V 18599-2: 2018-09 oder bis zum 31. Dezember 2023 auch in DIN V 4108-6: 2003-06, geändert durch DIN V 4108-6 Berichtigung 1: 2004-03 genannten Vorgehensweisen zu berücksichtigen. Wärmebrückenzuschläge mit Überprüfung und Einhaltung der Gleichwertigkeit nach DIN V 18599-2: 2018-09 oder DIN V 4108-6: 2003-06, geändert durch DIN V 4108-6 Berichtigung 1: 2004-03 sind nach DIN 4108 Beiblatt 2: 2019-06 zu ermitteln. Abweichend von DIN V 4108-6: 2003-06, geändert durch DIN V 4108-6 Berichtigung 1: 2004-03 kann bei Nachweis der Gleichwertigkeit nach DIN 4108 Beiblatt 2: 2019-06 der pauschale Wärmebrückenzuschlag nach Kategorie A oder Kategorie B verwendet werden.

§ 25 Berechnungsrandbedingungen

(1) Bei den Berechnungen für die Ermittlung des Jahres-Primärenergiebedarfs nach § 20 Absatz 1 oder Absatz 2 und nach § 21 Absatz 1 und 2 ist für das zu errichtende Gebäude eine Ausstattung mit einem System für die Gebäudeautomation der Klasse C nach DIN V 18599-11: 2018-09 zugrunde zu legen. Eine Gebäudeautomation der Klassen A oder B nach DIN V 18599-11: 2018-09 kann zugrunde gelegt werden, wenn das zu errichtende Gebäude mit einem System einer dieser Klassen ausgestattet ist.

(2) Bei den Berechnungen für die Ermittlung des Jahres-Primärenergiebedarfs nach § 20 Absatz 1 oder Absatz 2 und nach § 21 Absatz 1 und 2 ist für das zu errichtende Gebäude und das Referenzgebäude ein Verschattungsfaktor von 0,9 zugrunde zu legen, soweit die baulichen Bedingungen nicht detailliert berücksichtigt werden.

(3) Bei den Berechnungen für die Ermittlung des Jahres-Primärenergiebedarfs nach § 20 Absatz 1 sind für den Anteil mitbeheizter Flächen für das zu errichtende Wohngebäude und das Referenzgebäude die Standardwerte nach DIN V 18599: 2018-09 Tabelle 4 zu verwenden.

(4) Bei den Berechnungen für die Ermittlung des Jahres-Primärenergiebedarfs nach § 21 Absatz 1 und 2 sind für das zu errichtende Nichtwohngebäude die in DIN V 18599-10: 2018-09 Tabelle 5 bis 9 aufgeführten Nutzungsrandbedingungen und Klimadaten zu verwenden; bei der Berechnung des Referenzgebäudes müssen die in DIN V 18599-10: 2018-09 Tabelle 5 enthaltenen Werte angesetzt werden.

(5) Bei den Berechnungen für die Ermittlung des Jahres-Primärenergiebedarfs nach § 21 Absatz 1 und 2 sind für das zu

errichtende Nichtwohngebäude und das Referenzgebäude bei Heizsystemen in Raumhöhen von 4 Metern oder weniger ein Absenkbetrieb gemäß DIN V 18599-2: 2018-09 Gleichung 29 und bei Heizsystemen in Raumhöhen von mehr als 4 Metern ein Abschaltbetrieb gemäß DIN V 18599-2: 2018-09 Gleichung 30 zugrunde zu legen, jeweils mit einer Dauer gemäß den Nutzungsrandbedingungen in DIN V 18599-10: 2018-09 Tabelle 5.

(6) Bei den Berechnungen für die Ermittlung des Jahres-Primärenergiebedarfs nach § 21 Absatz 1 und 2 ist für das zu errichtende Nichtwohngebäude und das Referenzgebäude ein Verbauungsindex von 0,9 zugrunde zu legen, soweit die Verbauung nicht genau nach DIN V 18599-4: 2018-09 Abschnitt 5.5.2 ermittelt wird.

(7) Bei den Berechnungen für die Ermittlung des Jahres-Primärenergiebedarfs nach § 21 Absatz 1 und 2 ist für das zu errichtende Nichtwohngebäude und das Referenzgebäude der Wartungsfaktor in den Zonen der Nutzungen 14, 15 und 22 nach DIN V 18599-10: 2018-09 Tabelle 5 mit 0,6 und im Übrigen mit 0,8 anzusetzen.

(8) Bei den Berechnungen für die Ermittlung des Jahres-Primärenergiebedarfs nach § 21 Absatz 1 und 2 darf abweichend von DIN V 18599-10: 2018-09 für das zu errichtende Nichtwohngebäude und das Referenzgebäude bei Zonen der DIN V 18599-10: 2018-09 Tabelle 5 Nutzung 6 und 7 die tatsächliche Beleuchtungsstärke angesetzt werden, jedoch bei Zonen der Nutzung 6 nicht mehr als 1 500 Lux und bei Zonen der Nutzung 7 nicht mehr als 1 000 Lux. Beim Referenzgebäude ist der Primärenergiebedarf für die Beleuchtung mit dem Tabellenverfahren nach DIN V 18599-4: 2018-09 zu berechnen.

(9) Für die Ermittlung des Höchstwerts des Transmissionswärmeverlusts nach § 16 ist die wärmeübertragende Umfassungsfläche eines Wohngebäudes in Quadratmetern nach den in DIN V 18599-1: 2018-09 Abschnitt 8 angegebenen Bemaßungsregeln so festzulegen, dass sie mindestens alle beheizten und gekühlten Räume einschließt. Für alle umschlossenen Räume sind dabei die gleichen Bedingungen anzunehmen, die bei der Berechnung nach § 20 Absatz 1 oder Absatz 2 in Verbindung mit § 20 Absatz 3 und 4, § 22 und den Absätzen 1 bis 3 zugrunde zu legen sind.

(10) Das beheizte Gebäudevolumen eines Wohngebäudes in Kubikmetern ist das Volumen, das von der nach Absatz 9 ermittelten wärmeübertragenden Umfassungsfläche umschlossen wird. Die Gebäudenutzfläche eines Wohngebäudes ist nach DIN V 18599-1: 2018-09 Gleichung 30 zu ermitteln. Abweichend von Satz 1 ist die Gebäudenutzfläche nach DIN V 18599-1: 2018-09 Gleichung 31 zu ermitteln, wenn die durchschnittliche Geschosshöhe eines Wohngebäudes, gemessen von der Oberfläche des Fußbodens zur Oberfläche des Fußbodens des darüber liegenden Geschosses, mehr als 3 Meter oder weniger als 2,5 Meter beträgt.

(11) Abweichend von DIN V 18599-10: 2018-09 sind die Zonen nach DIN V 18599-10: 2018-09 Tabelle 5 Nutzung 32 und 33 als unbeheizt und ungekühlt anzunehmen und damit nicht Gegenstand von Berechnungen und Anforderungen nach diesem Gesetz.

§ 26 Prüfung der Dichtheit eines Gebäudes

(1) Wird die Luftdichtheit eines zu errichtenden Gebäudes vor seiner Fertigstellung nach DIN EN ISO 9972: 2018-12 Anhang NA überprüft, darf die gemessene Netto-Luftwechselrate bei der Ermittlung des Jahres-Primärenergiebedarfs nach § 20 Absatz 1 oder Absatz 2 und nach § 21 Absatz 1 und 2 nach Maßgabe der Absätze 2 bis 5 als Luftwechselrate in Ansatz gebracht werden. Bei der Überprüfung der Luftdichtheit sind die Messungen nach den Absätzen 2 bis 5 sowohl mit Über- als auch mit Unterdruck durchzuführen. Die genannten Höchstwerte sind für beide Fälle einzuhalten.

(2) Der bei einer Bezugsdruckdifferenz von 50 Pascal gemessene Volumenstrom in Kubikmeter pro Stunde darf

1. ohne raumlufttechnische Anlagen höchstens das 3fache des beheizten oder gekühlten Luftvolumens des Gebäudes in Kubikmetern betragen und

2. mit raumlufttechnischen Anlagen höchstens das 1,5fache des beheizten oder gekühlten Luftvolumens des Gebäudes in Kubikmetern betragen.

(3) Abweichend von Absatz 2 darf bei Gebäuden mit einem beheizten oder gekühlten Luftvolumen von über 1 500 Kubikmetern der bei einer Bezugsdruckdifferenz von 50 Pascal gemessene Volumenstrom in Kubikmeter pro Stunde

1. ohne raumlufttechnische Anlagen höchstens das 4,5fache der Hüllfläche des Gebäudes in Quadratmetern betragen und

2.

mit raumlufttechnischen Anlagen höchstens das 2,5fache der Hüllfläche des Gebäudes in Quadratmetern betragen.

(4) Wird bei Nichtwohngebäuden die Dichtheit lediglich für bestimmte Zonen berücksichtigt oder ergeben sich für einzelne Zonen aus den Absätzen 2 und 3 unterschiedliche Anforderungen, so kann der Nachweis der Dichtheit für diese Zonen getrennt durchgeführt werden.

(5) Besteht ein Gebäude aus gleichartigen, nur von außen erschlossenen Nutzeinheiten, so darf die Messung nach Absatz 1 nach Maßgabe von DIN EN ISO 9972: 2018-12 Anhang NB auf eine Stichprobe dieser Nutzeinheiten begrenzt werden.

§ 27 Gemeinsame Heizungsanlage für mehrere Gebäude

Wird ein zu errichtendes Gebäude mit Wärme aus einer Heizungsanlage versorgt, aus der auch andere Gebäude oder Teile davon Wärme beziehen, ist es abweichend von DIN V 18599: 2018-09 und bis zum 31. Dezember 2023 auch von DIN V 4701-10: 2003-08 zulässig, bei der Ermittlung des Jahres-Primärenergiebedarfs des zu errichtenden Gebäudes eigene zentrale Einrichtungen der Wärmeerzeugung, Wärmespeicherung oder Warmwasserbereitung anzunehmen, die hinsichtlich ihrer Bauart, ihres Baualters und ihrer Betriebsweise den gemeinsam genutzten Einrichtungen entsprechen, hinsichtlich ihrer Größe und Leistung jedoch nur auf das zu berechnende Gebäude ausgelegt sind. Soweit dabei zusätzliche Wärmeverteil- und Warmwasserleitungen zur Verbindung der versorgten Gebäude verlegt werden, sind deren Wärmeverluste anteilig zu berücksichtigen.

§ 28 Anrechnung mechanisch betriebener Lüftungsanlagen

(1) Im Rahmen der Berechnung nach § 20 Absatz 1 oder Absatz 2 ist bei mechanischen Lüftungsanlagen die Anrechnung der Wärmerückgewinnung oder einer regelungstechnisch verminderten Luftwechselrate nur zulässig, wenn

1.

die Dichtheit des Gebäudes nach § 13 in Verbindung mit § 26 nachgewiesen wird,

2.

die Lüftungsanlage mit Einrichtungen ausgestattet ist, die eine Beeinflussung der Luftvolumenströme jeder Nutzeinheit durch den Nutzer erlauben und

3.

sichergestellt ist, dass die aus der Abluft gewonnene Wärme vorrangig vor der vom Heizsystem bereitgestellten Wärme genutzt wird.

(2) Die bei der Anrechnung der Wärmerückgewinnung anzusetzenden Kennwerte der Lüftungsanlage sind nach den anerkannten Regeln der Technik zu bestimmen oder den allgemeinen bauaufsichtlichen Zulassungen der verwendeten Produkte zu entnehmen.

(3) Auf ein Wohngebäude mit nicht mehr als zwei Wohnungen, von denen eine nicht mehr als 50 Quadratmeter Gebäudenutzfläche hat, ist Absatz 1 Nummer 2 nicht anzuwenden.

§ 29 Berechnung des Jahres-Primärenergiebedarfs und des Transmissionswärmeverlustes bei aneinandergereihter Bebauung von Wohngebäuden

(1) Bei der Berechnung des Jahres-Primärenergiebedarfs nach § 20 und des Transmissionswärmeverlustes von aneinandergereihten Wohngebäuden werden Gebäudetrennwände zwischen

1.

Gebäuden, die nach ihrem Verwendungszweck auf Innentemperaturen von mindestens 19 Grad Celsius beheizt werden, als nicht wärmedurchlässig angenommen und bei der Ermittlung der wärmeübertragenden Umfassungsfläche nicht berücksichtigt,

2.

Wohngebäuden und Gebäuden, die nach ihrem Verwendungszweck auf Innentemperaturen von mindestens 12

Grad Celsius und weniger als 19 Grad Celsius beheizt werden, bei der Berechnung des Wärmedurchgangskoeffizienten mit einem Temperatur-Korrekturfaktor nach DIN V 18599-2: 2018-09 oder bis zum 31. Dezember 2023 auch nach DIN V 4108-6: 2003-06, geändert durch DIN V 4108-6 Berichtigung 1: 2004-03, gewichtet und

3.

Wohngebäuden und Gebäuden oder Gebäudeteilen, in denen keine beheizten Räume im Sinne des § 3 Absatz 1 Nummer 4 vorhanden sind, bei der Berechnung des Wärmedurchgangskoeffizienten mit einem Temperaturfaktor in Höhe von 0,5 gewichtet.

(2) Werden beheizte Teile eines Gebäudes getrennt berechnet, ist Absatz 1 Nummer 1 sinngemäß für die Trennflächen zwischen den Gebäudeteilen anzuwenden.

§ 30 Zonenweise Berücksichtigung von Energiebedarfsanteilen bei einem zu errichtenden Nichtwohngebäude

(1) Ist ein zu errichtendes Nichtwohngebäude nach § 21 Absatz 2 für die Berechnung des Jahres-Primärenergiebedarfs nach § 21 Absatz 1 in Zonen zu unterteilen, sind Energiebedarfsanteile nach Maßgabe der Absätze 2 bis 7 in die Ermittlung des Jahres-Primärenergiebedarfs einer Zone einzubeziehen.

(2) Der Primärenergiebedarf für das Heizungssystem und die Heizfunktion der raumlufttechnischen Anlage ist zu bilanzieren, wenn die Raum-Solltemperatur des Gebäudes oder einer Gebäudezone für den Heizfall mindestens 12 Grad Celsius beträgt und eine durchschnittliche Nutzungsdauer für die Gebäudebeheizung auf Raum-Solltemperatur von mindestens vier Monaten pro Jahr vorgesehen ist.

(3) Der Primärenergiebedarf für das Kühlsystem und die Kühlfunktion der raumlufttechnischen Anlage ist zu bilanzieren, wenn für das Gebäude oder eine Gebäudezone für den Kühlfall der Einsatz von Kühltechnik und eine durchschnittliche Nutzungsdauer für Gebäudekühlung auf Raum-Solltemperatur von mehr als zwei Monaten pro Jahr und mehr als zwei Stunden pro Tag vorgesehen sind.

(4) Der Primärenergiebedarf für die Dampfversorgung ist zu bilanzieren, wenn für das Gebäude oder eine Gebäudezone eine solche Versorgung wegen des Einsatzes einer raumlufttechnischen Anlage nach Absatz 3 für durchschnittlich mehr als zwei Monate pro Jahr und mehr als zwei Stunden pro Tag vorgesehen ist.

(5) Der Primärenergiebedarf für Warmwasser ist zu bilanzieren, wenn ein Nutzenergiebedarf für Warmwasser in Ansatz zu bringen ist und der durchschnittliche tägliche Nutzenergiebedarf für Warmwasser wenigstens 0,2 Kilowattstunden pro Person und Tag oder 0,2 Kilowattstunden pro Beschäftigtem und Tag beträgt.

(6) Der Primärenergiebedarf für Beleuchtung ist zu bilanzieren, wenn in einem Gebäude oder einer Gebäudezone eine Beleuchtungsstärke von mindestens 75 Lux erforderlich ist und eine durchschnittliche Nutzungsdauer von mehr als zwei Monaten pro Jahr und mehr als zwei Stunden pro Tag vorgesehen ist.

(7) Der Primärenergiebedarf für Hilfsenergien ist zu bilanzieren, wenn er beim Heizungssystem und bei der Heizfunktion der raumlufttechnischen Anlage, beim Kühlsystem und bei der Kühlfunktion der raumlufttechnischen Anlage, bei der Dampfversorgung, bei der Warmwasseranlage und der Beleuchtung auftritt. Der Anteil des Primärenergiebedarfs für Hilfsenergien für Lüftung ist zu bilanzieren, wenn eine durchschnittliche Nutzungsdauer der Lüftungsanlage von mehr als zwei Monaten pro Jahr und mehr als zwei Stunden pro Tag vorgesehen ist.

§ 31 Vereinfachtes Nachweisverfahren für ein zu errichtendes Wohngebäude

(1) Ein zu errichtendes Wohngebäude erfüllt die Anforderungen nach § 10 Absatz 2 in Verbindung mit den §§ 15 bis 17 und 34 bis 45, wenn es die Voraussetzungen nach Anlage 5 Nummer 1 erfüllt und seine Ausführung den Vorgaben von Anlage 5 Nummer 2 und 3 entspricht.

(2) Das Bundesministerium für Wirtschaft und Energie macht gemeinsam mit dem Bundesministerium des Innern, für Bau und Heimat im Bundesanzeiger bekannt, welche Angaben für die auf Grundlage von Absatz 1 zu errichtenden Wohngebäude ohne besondere Berechnungen in Energiebedarfsausweisen zu verwenden sind.

§ 32 Vereinfachtes Berechnungsverfahren für ein zu errichtendes Nichtwohngebäude

(1) Abweichend von § 21 Absatz 1 und 2 darf der Jahres-Primärenergiebedarf des zu errichtenden Nichtwohngebäudes und des Referenzgebäudes unter Verwendung eines Ein-Zonen-Modells ermittelt werden, wenn

1. die Summe der Nettogrundflächen aus der typischen Hauptnutzung und den Verkehrsflächen des Gebäudes mehr als zwei Drittel der gesamten Nettogrundfläche des Gebäudes beträgt,

2. in dem Gebäude die Beheizung und die Warmwasserbereitung für alle Räume auf dieselbe Art erfolgen,

3. das Gebäude nicht gekühlt wird,

4. höchstens 10 Prozent der Nettogrundfläche des Gebäudes durch Glühlampen, Halogenlampen oder durch die Beleuchtungsart „indirekt“ nach DIN V 18599: 2018-09 beleuchtet werden und

5. außerhalb der Hauptnutzung keine raumlufttechnische Anlage eingesetzt wird, deren Werte für die spezifische Leistungsaufnahme der Ventilatoren die entsprechenden Werte der Anlage 2 Nummer 6.1 und 6.2 überschreiten.

(2) Das vereinfachte Berechnungsverfahren kann angewandt werden für

1. ein Bürogebäude, auch mit Verkaufseinrichtung, einen Gewerbebetrieb oder eine Gaststätte,

2. ein Gebäude des Groß- und Einzelhandels mit höchstens 1 000 Quadratmetern Nettogrundfläche, wenn neben der Hauptnutzung nur Büro-, Lager-, Sanitär- oder Verkehrsflächen vorhanden sind,

3. einen Gewerbebetrieb mit höchstens 1 000 Quadratmetern Nettogrundfläche, wenn neben der Hauptnutzung nur Büro-, Lager-, Sanitär- oder Verkehrsflächen vorhanden sind,

4. eine Schule, eine Turnhalle, einen Kindergarten und eine Kindertagesstätte oder eine ähnliche Einrichtung,

5. eine Beherbergungsstätte ohne Schwimmhalle, Sauna oder Wellnessbereich oder

6. eine Bibliothek.

(3) Bei Anwendung des vereinfachten Verfahrens sind abweichend von den Maßgaben des § 21 Absatz 2 bei der Berechnung des Jahres-Primärenergiebedarfs die Bestimmungen für die Nutzung und die Werte für den Nutzenergiebedarf für Warmwasser der Anlage 6 zu verwenden. § 30 Absatz 5 ist entsprechend anzuwenden.

(4) Abweichend von Absatz 1 Nummer 3 kann das vereinfachte Verfahren auch angewendet werden, wenn in einem Bürogebäude eine Verkaufseinrichtung, ein Gewerbebetrieb oder eine Gaststätte gekühlt wird und die Nettogrundfläche der gekühlten Räume jeweils 450 Quadratmeter nicht übersteigt. Der Energiebedarf für die Kühlung von Anlagen der Datenverarbeitung bleibt als Energieeinsatz für Produktionsprozesse im Sinne von § 2 Absatz 1 Satz 2 außer Betracht.

(5) Bei Anwendung des vereinfachten Verfahrens sind in den Fällen des Absatzes 4 Satz 1 der Höchstwert und der Referenzwert des Jahres-Primärenergiebedarfs pauschal um 50 Kilowattstunden pro Quadratmeter und Jahr je Quadratmeter gekühlter Nettogrundfläche der Verkaufseinrichtung, des Gewerbebetriebes oder der Gaststätte zu erhöhen. Dieser Betrag ist im Energiebedarfsausweis als elektrische Energie für Kühlung auszuweisen.

(6) Der Jahres-Primärenergiebedarf für Beleuchtung darf vereinfacht für den Bereich der Hauptnutzung berechnet werden, der die geringste Tageslichtversorgung aufweist.

(7) Der im vereinfachten Verfahren ermittelte Jahres-Primärenergiebedarf des Referenzgebäudes nach § 18 Absatz 1 in Verbindung mit der Anlage 2 ist um 10 Prozent zu reduzieren. Der reduzierte Wert ist der Höchstwert des Jahres-Primärenergiebedarfs des zu errichtenden Gebäudes.

(8) § 20 Absatz 3 ist entsprechend anzuwenden.

§ 33 Andere Berechnungsverfahren

Werden in einem Gebäude bauliche oder anlagentechnische Komponenten eingesetzt, für deren energetische Bewertung weder anerkannte Regeln der Technik noch nach § 50 Absatz 4 Satz 2 bekannt gemachte gesicherte Erfahrungswerte vorliegen, so dürfen die energetischen Eigenschaften dieser Komponenten unter Verwendung derselben Randbedingungen wie in den Berechnungsverfahren und Maßgaben nach den §§ 20 bis 30 durch dynamisch-thermische Simulationsrechnungen ermittelt werden oder es sind hierfür andere Komponenten anzusetzen, die ähnliche energetische Eigenschaften besitzen und für deren energetische Bewertung anerkannte Regeln der Technik oder bekannt gemachte gesicherte Erfahrungswerte vorliegen.

Abschnitt 4
Nutzung von erneuerbaren Energien zur Wärme- und Kälteerzeugung bei einem zu errichtenden Gebäude

§ 34 Nutzung erneuerbarer Energien zur Deckung des Wärme- und Kälteenergiebedarfs

(1) Der Wärme- und Kälteenergiebedarf im Sinne des § 10 Absatz 2 Nummer 3 ist nach den Vorschriften des § 20, des § 21 und der §§ 24 bis 29 zu ermitteln.

(2) Die Maßnahmen nach den §§ 35 bis 45 können miteinander kombiniert werden. Die prozentualen Anteile der tatsächlichen Nutzung der einzelnen Maßnahmen im Verhältnis der jeweils nach den §§ 35 bis 45 vorgesehenen Nutzung müssen in der Summe 100 Prozent Erfüllungsgrad ergeben.

(3) Wenn mehrere zu errichtende Nichtwohngebäude, die sich im Eigentum der öffentlichen Hand befinden und von mindestens einer Behörde genutzt werden, in einer Liegenschaft stehen, kann die Anforderung nach § 10 Absatz 2 Nummer 3 auch dadurch erfüllt werden, dass der Wärme- und Kälteenergiebedarf dieser Gebäude insgesamt in einem Umfang gedeckt wird, der der Summe der einzelnen Maßgaben der §§ 35 bis 45 entspricht.

(4) § 31 bleibt unberührt.

§ 35 Nutzung solarthermischer Anlagen

(1) Die Anforderung nach § 10 Absatz 2 Nummer 3 ist erfüllt, wenn durch die Nutzung von solarer Strahlungsenergie mittels solarthermischer Anlagen der Wärme- und Kälteenergiebedarf zu mindestens 15 Prozent gedeckt wird.

(2) Die Anforderung bezüglich des Mindestanteils nach Absatz 1 gilt als erfüllt, wenn

1. bei Wohngebäuden mit höchstens zwei Wohnungen solarthermische Anlagen mit einer Fläche von mindestens 0,04 Quadratmetern Aperturfläche je Quadratmeter Nutzfläche installiert und betrieben werden und

2. bei Wohngebäuden mit mehr als zwei Wohnungen solarthermische Anlagen mit einer Fläche von mindestens 0,03 Quadratmetern Aperturfläche je Quadratmeter Nutzfläche installiert und betrieben werden.

(3) Wird eine solarthermische Anlage mit Flüssigkeiten als Wärmeträger genutzt, müssen die darin enthaltenen Kollektoren oder das System mit dem europäischen Prüfzeichen „Solar Keymark" zertifiziert sein, solange und soweit die Verwendung einer CE-Kennzeichnung nach Maßgabe eines Durchführungsrechtsaktes auf der Grundlage der Richtlinie 2009/125/EG des Europäischen Parlaments und des Rates vom 21. Oktober 2009 zur Schaffung eines Rahmens für die Festlegung von Anforderungen an die umweltgerechte Gestaltung energieverbrauchsrelevanter Produkte (ABl. L 285 vom 31.10.2009, S. 10), die zuletzt durch die Richtlinie 2012/27/EU (ABl. L 315 vom 14.11.2012, S. 1) geändert worden ist, nicht zwingend vorgeschrieben ist. Die Zertifizierung muss nach den anerkannten Regeln der Technik erfolgen.

§ 36 Nutzung von Strom aus erneuerbaren Energien

Die Anforderung nach § 10 Absatz 2 Nummer 3 ist erfüllt, wenn durch die Nutzung von Strom aus erneuerbaren Energien nach Maßgabe des § 23 Absatz 1 der Wärme- und Kälteenergiebedarf zu mindestens 15 Prozent gedeckt wird. Wird bei Wohngebäuden Strom aus solarer Strahlungsenergie genutzt, gilt die Anforderung bezüglich des Mindestanteils nach Satz 1 als erfüllt, wenn eine Anlage zur Erzeugung von Strom aus solarer Strahlungsenergie installiert und betrieben wird, deren Nennleistung in Kilowatt mindestens das 0,03fache der Gebäudenutzfläche geteilt durch die Anzahl der beheizten oder gekühlten Geschosse nach DIN V 18599-1: 2018-09 beträgt.

§ 37 Nutzung von Geothermie oder Umweltwärme

Die Anforderung nach § 10 Absatz 2 Nummer 3 ist erfüllt, wenn durch die Nutzung von Geothermie, Umweltwärme oder Abwärme aus Abwasser, die mittels elektrisch oder mit fossilen Brennstoffen angetriebener Wärmepumpen technisch nutzbar gemacht wird, der Wärme- und Kälteenergiebedarf zu mindestens 50 Prozent aus den Anlagen zur Nutzung dieser Energien gedeckt wird.

§ 38 Nutzung von fester Biomasse

(1) Die Anforderung nach § 10 Absatz 2 Nummer 3 ist erfüllt, wenn durch die Nutzung von fester Biomasse nach Maßgabe des Absatzes 2 der Wärme- und Kälteenergiebedarf zu mindestens 50 Prozent gedeckt wird.

(2) Wenn eine Feuerungsanlage im Sinne der Verordnung über kleine und mittlere Feuerungsanlagen vom 26. Januar 2010 (BGBl. I S. 38), die zuletzt durch Artikel 105 der Verordnung vom 19. Juni 2020 (BGBl. I S. 1328) geändert worden ist, in der jeweils geltenden Fassung betrieben wird, müssen folgende Voraussetzungen erfüllt sein:

1.

die Biomasse muss genutzt werden in einem

a)

Biomassekessel oder

b)

automatisch beschickten Biomasseofen mit Wasser als Wärmeträger,

2.

es darf ausschließlich Biomasse nach § 3 Absatz 1 Nummer 4, 5, 5a, 8 oder Nummer 13 der Verordnung über kleine und mittlere Feuerungsanlagen eingesetzt werden.

§ 39 Nutzung von flüssiger Biomasse

(1) Die Anforderung nach § 10 Absatz 2 Nummer 3 ist erfüllt, wenn durch die Nutzung von flüssiger Biomasse nach Maßgabe der Absätze 2 und 3 der Wärme- und Kälteenergiebedarf zu mindestens 50 Prozent gedeckt wird.

(2) Die Nutzung muss in einer KWK-Anlage oder in einem Brennwertkessel erfolgen.

(3) Unbeschadet des Absatzes 2 muss die zur Wärmeerzeugung eingesetzte Biomasse den Anforderungen an einen nachhaltigen Anbau und eine nachhaltige Herstellung, die die Biomassestrom-Nachhaltigkeitsverordnung vom 23. Juli 2009 (BGBl. I S. 2174), die zuletzt durch Artikel 262 der Verordnung vom 19. Juni 2020 (BGBl. I S. 1328) geändert worden ist, in der jeweils geltenden Fassung stellt, genügen. § 10 der Biomassestrom-Nachhaltigkeitsverordnung ist nicht anzuwenden.

§ 40 Nutzung von gasförmiger Biomasse

(1) Die Anforderung nach § 10 Absatz 2 Nummer 3 ist erfüllt, wenn durch die Nutzung von gasförmiger Biomasse nach Maßgabe der Absätze 2 bis 4 der Wärme- und Kälteenergiebedarf mindestens zu dem Anteil nach Absatz 2 Satz 2 gedeckt wird.

(2) Die Nutzung muss in einer hocheffizienten KWK-Anlage im Sinne des § 2 Nummer 8a des Kraft-Wärme-Kopplungsgesetzes oder in einem Brennwertkessel erfolgen. Der Wärme- und Kälteenergiebedarf muss

1.

zu mindestens 30 Prozent gedeckt werden, wenn die Nutzung in einer KWK-Anlage nach Satz 1 erfolgt oder

2.

zu mindestens 50 Prozent gedeckt werden, wenn die Nutzung in einem Brennwertkessel erfolgt.

(3) Wenn Biomethan genutzt wird, müssen unbeschadet des Absatzes 2 folgende Voraussetzungen erfüllt sein:

1.

bei der Aufbereitung und Einspeisung des Biomethans müssen die Voraussetzungen nach Anlage 1 Nummer 1 Buchstabe a bis c des Erneuerbare-Energien-Gesetzes vom 25. Oktober 2008 (BGBl. I S. 2074) in der am 31. Juli 2014 geltenden Fassung erfüllt worden sein und

2.

die Menge des entnommenen Biomethans im Wärmeäquivalent am Ende eines Kalenderjahres muss der Menge von Gas aus Biomasse entsprechen, das an anderer Stelle in das Gasnetz eingespeist worden ist, und es müssen Massenbilanzsysteme für den gesamten Transport und Vertrieb des Biomethans von seiner Herstellung über seine Einspeisung in das Erdgasnetz und seinen Transport im Erdgasnetz bis zu seiner Entnahme aus dem Erdgasnetz verwendet worden sein.

(4) Wenn biogenes Flüssiggas genutzt wird, muss die Menge des entnommenen Gases am Ende eines Kalenderjahres der Menge von Gas aus Biomasse entsprechen, das an anderer Stelle hergestellt worden ist, und müssen Massenbilanzsysteme für den gesamten Transport und Vertrieb des biogenen Flüssiggases von seiner Herstellung über seine Zwischenlagerung und seinen Transport bis zu seiner Einlagerung in den Verbrauchstank verwendet worden sein.

§ 41 Nutzung von Kälte aus erneuerbaren Energien

(1) Die Anforderung nach § 10 Absatz 2 Nummer 3 ist erfüllt, wenn durch die Nutzung von Kälte aus erneuerbaren Energien nach Maßgabe der Absätze 2 bis 4 der Wärme- und Kälteenergiebedarf mindestens in Höhe des Anteils nach Satz 2 gedeckt wird. Maßgeblicher Anteil ist der Anteil, der nach den §§ 35 bis 40 für diejenige erneuerbare Energie gilt, aus der die Kälte erzeugt wird. Wird die Kälte mittels einer thermischen Kälteerzeugungsanlage durch die direkte Zufuhr von Wärme erzeugt, ist der Anteil maßgebend, der auch im Fall einer reinen Wärmeerzeugung aus dem gleichen Energieträger gilt. Wird die Kälte unmittelbar durch Nutzung von Geothermie oder Umweltwärme bereitgestellt, so ist der auch bei Wärmeerzeugung aus diesem Energieträger geltende Anteil von 50 Prozent am Wärme- und Kälteenergiebedarf maßgebend.

(2) Die Kälte muss technisch nutzbar gemacht werden

1.

durch unmittelbare Kälteentnahme aus dem Erdboden oder aus Grund- oder Oberflächenwasser oder

2.

durch thermische Kälteerzeugung mit Wärme aus erneuerbaren Energien im Sinne des § 3 Absatz 2 Nummer 1 bis 5.

(3) Die Kälte muss zur Deckung des Kältebedarfs für Raumkühlung nach § 3 Absatz 1 Nummer 31 Buchstabe b genutzt werden. Der Endenergieverbrauch für die Erzeugung der Kälte, für die Rückkühlung und für die Verteilung der Kälte muss nach der jeweils besten verfügbaren Technik gesenkt worden sein.

(4) Die für die Erfüllung der Anforderung nach Absatz 1 anrechenbare Kältemenge umfasst die für die Zwecke nach Absatz 3 Satz 1 nutzbar gemachte Kälte, nicht jedoch die zum Antrieb thermischer Kälteerzeugungsanlagen genutzte Wärme.

(5) Die technischen Anforderungen nach den §§ 35 bis 40 sind entsprechend anzuwenden, solange und soweit die Verwendung einer CE-Kennzeichnung nach Maßgabe eines Durchführungsrechtsaktes auf der Grundlage der Richtlinie 2009/125/EG nicht zwingend vorgeschrieben ist.

§ 42 Nutzung von Abwärme

(1) Anstelle der anteiligen Deckung des Wärme- und Kälteenergiebedarfs durch die Nutzung erneuerbarer Energien kann die Anforderung nach § 10 Absatz 2 Nummer 3 auch dadurch erfüllt werden, dass durch die Nutzung von Abwärme nach Maßgabe der Absätze 2 und 3 der Wärme- und Kälteenergiebedarf direkt oder mittels Wärmepumpen zu mindestens 50 Prozent gedeckt wird.

(2) Sofern Kälte genutzt wird, die durch eine Anlage technisch nutzbar gemacht wird, der Abwärme unmittelbar zugeführt wird, ist § 41 Absatz 3 und 4 entsprechend anzuwenden.

(3) Sofern Abwärme durch eine andere Anlage genutzt wird, muss die Nutzung nach dem Stand der Technik erfolgen.

§ 43 Nutzung von Kraft-Wärme-Kopplung

(1) Anstelle der anteiligen Deckung des Wärme- und Kälteenergiebedarfs durch die Nutzung erneuerbarer Energien kann die Anforderung nach § 10 Absatz 2 Nummer 3 auch dadurch erfüllt werden, dass

1.

durch die Nutzung von Wärme aus einer hocheffizienten KWK-Anlage im Sinne des § 2 Nummer 8a des Kraft-Wärme-Kopplungsgesetzes der Wärme- und Kälteenergiebedarf zu mindestens 50 Prozent gedeckt wird oder

2.

durch die Nutzung von Wärme aus einer Brennstoffzellenheizung der Wärme- und Kälteenergiebedarf zu mindestens 40 Prozent gedeckt wird.

(2) Sofern Kälte genutzt wird, die durch eine Anlage technisch nutzbar gemacht wird, der unmittelbar Wärme aus einer KWK-Anlage zugeführt wird, muss die KWK-Anlage den Anforderungen des Absatzes 1 Nummer 1 genügen. § 41 Absatz 3 und 4 ist entsprechend anzuwenden.

§ 44 Fernwärme oder Fernkälte

(1) Anstelle der anteiligen Deckung des Wärme- und Kälteenergiebedarfs durch die Nutzung erneuerbarer Energien kann die Anforderung nach § 10 Absatz 2 Nummer 3 auch dadurch erfüllt werden, dass durch den Bezug von Fernwärme oder Fernkälte nach Maßgabe von Absatz 2 der Wärme- und Kälteenergiebedarf mindestens in Höhe des Anteils nach den Sätzen 2 und 3 gedeckt wird. Maßgeblicher Anteil ist der Anteil, der nach den §§ 35 bis 40 oder nach den §§ 42 und 43 für diejenige Energie anzuwenden ist, aus der die Fernwärme oder Fernkälte ganz oder teilweise stammt. Bei der Berechnung nach Satz 1 wird nur die bezogene Menge der Fernwärme oder Fernkälte angerechnet, die rechnerisch aus erneuerbaren Energien, aus Anlagen zur Nutzung von Abwärme oder aus KWK-Anlagen stammt.

(2) Die in dem Wärme- oder Kältenetz insgesamt verteilte Wärme oder Kälte muss stammen zu

1.

einem wesentlichen Anteil aus erneuerbaren Energien,

2.

mindestens 50 Prozent aus Anlagen zur Nutzung von Abwärme,

3.

mindestens 50 Prozent aus KWK-Anlagen oder

4.

mindestens 50 Prozent durch eine Kombination der in den Nummern 1 bis 3 genannten Maßnahmen.

§ 35 und die §§ 37 bis 43 sind entsprechend anzuwenden.

§ 45 Maßnahmen zur Einsparung von Energie

Anstelle der anteiligen Deckung des Wärme- und Kälteenergiebedarfs durch die Nutzung erneuerbarer Energien kann die Anforderung nach § 10 Absatz 2 Nummer 3 auch dadurch erfüllt werden, dass bei einem Wohngebäude die Anforderungen nach § 16 sowie bei einem Nichtwohngebäude die Anforderungen nach § 19 um mindestens 15 Prozent unterschritten werden.

Teil 3
Bestehende Gebäude

Abschnitt 1
Anforderungen an bestehende Gebäude

§ 46 Aufrechterhaltung der energetischen Qualität; entgegenstehende Rechtsvorschriften

(1) Außenbauteile eines bestehenden Gebäudes dürfen nicht in einer Weise verändert werden, dass die energetische Qualität des Gebäudes verschlechtert wird. Satz 1 ist nicht anzuwenden auf Änderungen von Außenbauteilen, wenn die

Fläche der geänderten Bauteile nicht mehr als 10 Prozent der gesamten Fläche der jeweiligen Bauteilgruppe nach Anlage 7 betrifft.

(2) Die Anforderungen an ein bestehendes Gebäude nach diesem Teil sind nicht anzuwenden, soweit ihre Erfüllung anderen öffentlich-rechtlichen Vorschriften zur Standsicherheit, zum Brandschutz, zum Schallschutz, zum Arbeitsschutz oder zum Schutz der Gesundheit entgegensteht.

§ 47 Nachrüstung eines bestehenden Gebäudes

(1) Eigentümer eines Wohngebäudes sowie Eigentümer eines Nichtwohngebäudes, die nach ihrer Zweckbestimmung jährlich mindestens vier Monate auf Innentemperaturen von mindestens 19 Grad Celsius beheizt werden, müssen dafür sorgen, dass oberste Geschossdecken, die nicht den Anforderungen an den Mindestwärmeschutz nach DIN 4108-2: 2013-02 genügen, so gedämmt sind, dass der Wärmedurchgangskoeffizient der obersten Geschossdecke 0,24 Watt pro Quadratmeter und Kelvin nicht überschreitet. Die Pflicht nach Satz 1 gilt als erfüllt, wenn anstelle der obersten Geschossdecke das darüber liegende Dach entsprechend gedämmt ist oder den Anforderungen an den Mindestwärmeschutz nach DIN 4108-2: 2013-02 genügt.

(2) Wird der Wärmeschutz nach Absatz 1 Satz 1 durch Dämmung in Deckenzwischenräumen ausgeführt und ist die Dämmschichtdicke im Rahmen dieser Maßnahmen aus technischen Gründen begrenzt, so gelten die Anforderungen als erfüllt, wenn die nach anerkannten Regeln der Technik höchstmögliche Dämmschichtdicke eingebaut wird, wobei ein Bemessungswert der Wärmeleitfähigkeit von 0,035 Watt pro Meter und Kelvin einzuhalten ist. Abweichend von Satz 1 ist ein Bemessungswert der Wärmeleitfähigkeit von 0,045 Watt pro Meter und Kelvin einzuhalten, soweit Dämmmaterialien in Hohlräume eingeblasen oder Dämmmaterialien aus nachwachsenden Rohstoffen verwendet werden. Wird der Wärmeschutz nach Absatz 1 Satz 2 als Zwischensparrendämmung ausgeführt und ist die Dämmschichtdicke wegen einer innenseitigen Bekleidung oder der Sparrenhöhe begrenzt, sind die Sätze 1 und 2 entsprechend anzuwenden.

(3) Bei einem Wohngebäude mit nicht mehr als zwei Wohnungen, von denen der Eigentümer eine Wohnung am 1. Februar 2002 selbst bewohnt hat, ist die Pflicht nach Absatz 1 erst im Fall eines Eigentümerwechsels nach dem 1. Februar 2002 von dem neuen Eigentümer zu erfüllen. Die Frist zur Pflichterfüllung beträgt zwei Jahre ab dem ersten Eigentumsübergang nach dem 1. Februar 2002.

(4) Die Absätze 1 bis 3 sind nicht anzuwenden, soweit die für eine Nachrüstung erforderlichen Aufwendungen durch die eintretenden Einsparungen nicht innerhalb angemessener Frist erwirtschaftet werden können.

§ 48 Anforderungen an ein bestehendes Gebäude bei Änderung

Soweit bei beheizten oder gekühlten Räumen eines Gebäudes Außenbauteile im Sinne der Anlage 7 erneuert, ersetzt oder erstmalig eingebaut werden, sind diese Maßnahmen so auszuführen, dass die betroffenen Flächen des Außenbauteils die Wärmedurchgangskoeffizienten der Anlage 7 nicht überschreiten. Ausgenommen sind Änderungen von Außenbauteilen, die nicht mehr als 10 Prozent der gesamten Fläche der jeweiligen Bauteilgruppe des Gebäudes betreffen. Nimmt der Eigentümer eines Wohngebäudes mit nicht mehr als zwei Wohnungen Änderungen im Sinne der Sätze 1 und 2 an dem Gebäude vor und werden unter Anwendung des § 50 Absatz 1 und 2 für das gesamte Gebäude Berechnungen nach § 50 Absatz 3 durchgeführt, hat der Eigentümer vor Beauftragung der Planungsleistungen ein informatorisches Beratungsgespräch mit einer nach § 88 zur Ausstellung von Energieausweisen berechtigten Person zu führen, wenn ein solches Beratungsgespräch als einzelne Leistung unentgeltlich angeboten wird. Wer geschäftsmäßig an oder in einem Gebäude Arbeiten im Sinne des Satzes 3 für den Eigentümer durchführen will, hat bei Abgabe eines Angebots auf die Pflicht zur Führung eines Beratungsgesprächs schriftlich hinzuweisen.

§ 49 Berechnung des Wärmedurchgangskoeffizienten

(1) Der Wärmedurchgangskoeffizient eines Bauteils nach § 48 wird unter Berücksichtigung der neuen und der vorhandenen Bauteilschichten berechnet. Für die Berechnung sind folgende Verfahren anzuwenden:

1. DIN V 18599-2: 2018-09 Abschnitt 6.1.4.3 für die Berechnung der an Erdreich grenzenden Bauteile,
2. DIN 4108-4: 2017-03 in Verbindung mit DIN EN ISO 6946: 2008-04 für die Berechnung opaker Bauteile und
3. DIN 4108-4: 2017-03 für die Berechnung transparenter Bauteile sowie von Vorhangfassaden.

(2) Werden bei Maßnahmen nach § 48 Gefälledächer durch die keilförmige Anordnung einer Dämmschicht aufgebaut, so ist der Wärmedurchgangskoeffizient nach Anhang C der DIN EN ISO 6946: 2008-04 in Verbindung mit DIN 4108-4: 2017-03 zu ermitteln. Dabei muss der Bemessungswert des Wärmedurchgangswiderstandes am tiefsten Punkt der neuen Dämmschicht den Mindestwärmeschutz nach § 11 erfüllen.

§ 50 Energetische Bewertung eines bestehenden Gebäudes

(1) Die Anforderungen des § 48 gelten als erfüllt, wenn

1.

das geänderte Wohngebäude insgesamt

a)

den Jahres-Primärenergiebedarf für Heizung, Warmwasserbereitung, Lüftung und Kühlung den auf die Gebäudenutzfläche bezogenen Wert des Jahres-Primärenergiebedarfs eines Referenzgebäudes, das die gleiche Geometrie, Gebäudenutzfläche und Ausrichtung wie das geänderte Gebäude aufweist und der technischen Referenzausführung der Anlage 1 entspricht, um nicht mehr als 40 Prozent überschreitet und

b)

den Höchstwert des spezifischen, auf die wärmeübertragende Umfassungsfläche bezogenen Transmissionswärmeverlusts nach Absatz 2 um nicht mehr als 40 Prozent überschreitet,

2.

das geänderte Nichtwohngebäude insgesamt

a)

den Jahres-Primärenergiebedarf für Heizung, Warmwasserbereitung, Lüftung, Kühlung und eingebaute Beleuchtung den auf die Nettogrundfläche bezogenen Wert des Jahres-Primärenergiebedarfs eines Referenzgebäudes, das die gleiche Geometrie, Nettogrundfläche, Ausrichtung und Nutzung, einschließlich der Anordnung der Nutzungseinheiten, wie das geänderte Gebäude aufweist und der technischen Referenzausführung der Anlage 2 entspricht, um nicht mehr als 40 Prozent überschreitet und

b)

das auf eine Nachkommastelle gerundete 1,25fache der Höchstwerte der mittleren Wärmedurchgangskoeffizienten der wärmeübertragenden Umfassungsfläche gemäß der Anlage 3 um nicht mehr als 40 Prozent überschreitet.

§ 18 Absatz 1 Satz 2 ist entsprechend anzuwenden.

(2) Der Höchstwert nach Absatz 1 Satz 1 Nummer 1 Buchstabe b beträgt

1.

bei einem freistehenden Wohngebäude mit einer Gebäudenutzfläche von bis zu 350 Quadratmetern 0,40 Watt pro Quadratmeter und Kelvin,

2.

bei einem freistehenden Wohngebäude mit einer Gebäudenutzfläche von mehr als 350 Quadratmetern 0,50 Watt pro Quadratmeter und Kelvin,

3.

bei einem einseitig angebauten Wohngebäude 0,45 Watt pro Quadratmeter und Kelvin oder

4.

bei allen anderen Wohngebäuden 0,65 Watt pro Quadratmeter und Kelvin.

(3) In den Fällen des Absatzes 1 sind die Berechnungsverfahren nach § 20 Absatz 1 oder Absatz 2 oder nach § 21 Absatz 1 und 2 unter Beachtung der Maßgaben nach § 20 Absatz 3 bis 6, der §§ 22 bis 30 und der §§ 32 und 33 sowie nach Maßgabe von Absatz 4 entsprechend anzuwenden.
(4) Fehlen Angaben zu geometrischen Abmessungen eines Gebäudes, können diese durch vereinfachtes Aufmaß ermittelt werden. Liegen energetische Kennwerte für bestehende Bauteile und Anlagenkomponenten nicht vor, können gesicherte Erfahrungswerte für Bauteile und Anlagenkomponenten vergleichbarer Altersklassen verwendet werden. In den Fällen der Sätze 1 und 2 können anerkannte Regeln der Technik verwendet werden. Die Einhaltung solcher Regeln wird vermutet,

soweit Vereinfachungen für die Datenaufnahme und die Ermittlung der energetischen Eigenschaften sowie gesicherte Erfahrungswerte verwendet werden, die vom Bundesministerium für Wirtschaft und Energie und vom Bundesministerium des Innern, für Bau und Heimat gemeinsam im Bundesanzeiger bekannt gemacht worden sind.

(5) Absatz 4 kann auch in den Fällen des § 48 sowie des § 51 angewendet werden.

§ 51 Anforderungen an ein bestehendes Gebäude bei Erweiterung und Ausbau

(1) Bei der Erweiterung und dem Ausbau eines Gebäudes um beheizte oder gekühlte Räume darf

1. bei Wohngebäuden der spezifische, auf die wärmeübertragende Umfassungsfläche bezogene Transmissionswärmeverlust der Außenbauteile der neu hinzukommenden beheizten oder gekühlten Räume das 1,2fache des entsprechenden Wertes des Referenzgebäudes gemäß der Anlage 1 nicht überschreiten oder

2. bei Nichtwohngebäuden die mittleren Wärmedurchgangskoeffizienten der wärmeübertragenden Umfassungsfläche der Außenbauteile der neu hinzukommenden beheizten oder gekühlten Räume das auf eine Nachkommastelle gerundete 1,25fache der Höchstwerte gemäß der Anlage 3 nicht überschreiten.

(2) Ist die hinzukommende zusammenhängende Nutzfläche größer als 50 Quadratmeter, sind außerdem die Anforderungen an den sommerlichen Wärmeschutz nach § 14 einzuhalten.

Abschnitt 2
Nutzung erneuerbarer Energien zur Wärmeerzeugung bei bestehenden öffentlichen Gebäuden

§ 52 Pflicht zur Nutzung von erneuerbaren Energien bei einem bestehenden öffentlichen Gebäude

(1) Wenn die öffentliche Hand ein bestehendes Nichtwohngebäude, das sich in ihrem Eigentum befindet und von mindestens einer Behörde genutzt wird, gemäß Absatz 2 grundlegend renoviert, muss sie den Wärme- und Kälteenergiebedarf dieses Gebäudes durch die anteilige Nutzung von erneuerbaren Energien nach Maßgabe der Absätze 3 und 4 decken. Auf die Berechnung des Wärme- und Kälteenergiebedarfs ist § 34 Absatz 1 entsprechend anzuwenden.

(2) Eine grundlegende Renovierung ist jede Maßnahme, durch die an einem Gebäude in einem zeitlichen Zusammenhang von nicht mehr als zwei Jahren

1. ein Heizkessel ausgetauscht oder die Heizungsanlage auf einen fossilen Energieträger oder auf einen anderen fossilen Energieträger als den bisher eingesetzten umgestellt wird und

2. mehr als 20 Prozent der Oberfläche der Gebäudehülle renoviert werden.

(3) Bei der Nutzung von gasförmiger Biomasse wird die Pflicht nach Absatz 1 dadurch erfüllt, dass der Wärme- und Kälteenergiebedarf zu mindestens 25 Prozent durch gasförmige Biomasse gedeckt wird. Die Nutzung von gasförmiger Biomasse muss in einem Heizkessel, der der besten verfügbaren Technik entspricht, oder in einer KWK-Anlage erfolgen. Im Übrigen ist § 40 Absatz 2 und 3 entsprechend anzuwenden.

(4) Bei Nutzung sonstiger erneuerbarer Energien wird die Pflicht nach Absatz 1 dadurch erfüllt, dass der Wärme- und Kälteenergiebedarf zu mindestens 15 Prozent durch erneuerbare Energien nach folgenden Maßgaben gedeckt wird:

1. bei der Nutzung von solarer Strahlungsenergie durch solarthermische Anlagen ist § 35 Absatz 2 entsprechend anzuwenden,

2. bei der Nutzung von fester Biomasse ist § 38 Absatz 2 entsprechend anzuwenden,

3. bei der Nutzung von flüssiger Biomasse ist § 39 Absatz 2 und 3 entsprechend anzuwenden,

4. bei der Nutzung von Kälte aus erneuerbaren Energien ist § 41 Absatz 2 bis 5 entsprechend anzuwenden.

(5) Wenn mehrere bestehende Nichtwohngebäude, die sich im Eigentum der öffentlichen Hand befinden und von mindestens einer Behörde genutzt werden, in einer Liegenschaft stehen, kann die Pflicht nach Absatz 1 auch dadurch erfüllt werden, dass der Wärme- und Kälteenergiebedarf dieser Gebäude insgesamt in einem Umfang gedeckt wird, der der Summe der einzelnen Maßgaben der Absätze 3 und 4 entspricht.

§ 53 Ersatzmaßnahmen

(1) Die Pflicht nach § 52 Absatz 1 kann auch dadurch erfüllt werden, dass

1. der Wärme- und Kälteenergiebedarf des renovierten Gebäudes zu mindestens 50 Prozent gedeckt wird aus

   a) einer Anlage zur Nutzung von Abwärme nach Maßgabe von § 42 Absatz 2 und 3 oder

   b) einer KWK-Anlage nach Maßgabe von § 43,

2. Maßnahmen zur Einsparung von Energie nach Maßgabe von Absatz 2 getroffen werden oder

3. Fernwärme oder Fernkälte nach Maßgabe von § 44 bezogen wird.

§ 41 Absatz 1 Satz 3 und § 52 Absatz 5 sind entsprechend anzuwenden.

(2) Bei Maßnahmen zur Einsparung von Energie muss das auf eine Nachkommastelle gerundete 1,25fache der Höchstwerte der mittleren Wärmedurchgangskoeffizienten der wärmeübertragenden Umfassungsfläche nach Anlage 3 um mindestens 10 Prozent unterschritten werden. Satz 1 gilt auch dann als erfüllt, wenn das Gebäude nach der grundlegenden Renovierung insgesamt den Jahres-Primärenergiebedarf des Referenzgebäudes nach Anlage 2 und das auf eine Nachkommastelle gerundete 1,25fache der Höchstwerte der mittleren Wärmedurchgangskoeffizienten der wärmeübertragenden Umfassungsfläche nach Anlage 3 einhält.

(3) Die Pflicht nach § 52 Absatz 1 kann auch dadurch erfüllt werden, dass auf dem Dach des öffentlichen Gebäudes solarthermische Anlagen mit einer Fläche von mindestens 0,06 Quadratmetern Brutto-Kollektorfläche je Quadratmeter Nettogrundfläche von dem Eigentümer oder einem Dritten installiert und betrieben werden, wenn die mit diesen Anlagen erzeugte Wärme oder Kälte Dritten zur Deckung des Wärme- und Kälteenergiebedarfs von Gebäuden zur Verfügung gestellt wird und von diesen Dritten nicht zur Erfüllung der Anforderung nach § 10 Absatz 2 Nummer 3 genutzt wird. § 35 Absatz 3 ist entsprechend anzuwenden.

§ 54 Kombination

Zur Erfüllung der Pflicht nach § 52 Absatz 1 können die Maßnahmen nach § 52 Absatz 3 und 4 und die Ersatzmaßnahmen nach § 53 untereinander und miteinander kombiniert werden. Die prozentualen Anteile der einzelnen Maßnahmen an der nach § 52 Absatz 3 und 4 sowie nach § 53 vorgesehenen Nutzung müssen in der Summe mindestens 100 ergeben.

§ 55 Ausnahmen

(1) Die Pflicht nach § 52 Absatz 1 besteht nicht, soweit ihre Erfüllung im Einzelfall wegen besonderer Umstände durch einen unangemessenen Aufwand oder in sonstiger Weise zu einer unbilligen Härte führt. Dies ist insbesondere der Fall, wenn jede Maßnahme, mit der die Pflicht nach § 52 Absatz 1 erfüllt werden kann, mit Mehrkosten verbunden ist und diese Mehrkosten auch unter Berücksichtigung der Vorbildfunktion nicht unerheblich sind. Bei der Berechnung sind alle Kosten und Einsparungen zu berücksichtigen, auch solche, die innerhalb der noch zu erwartenden Nutzungsdauer der Anlagen oder Gebäudeteile zu erwarten sind.

(2) Die Pflicht nach § 52 Absatz 1 besteht ferner nicht bei einem Gebäude im Eigentum einer Gemeinde oder eines

Gemeindeverbandes, wenn

1. die Gemeinde oder der Gemeindeverband zum Zeitpunkt des Beginns der grundlegenden Renovierung überschuldet ist oder durch die Erfüllung der Pflicht nach § 52 Absatz 1 und die Durchführung von Ersatzmaßnahmen nach § 53 überschuldet würde,

2. jede Maßnahme, mit der die Pflicht nach § 52 Absatz 1 erfüllt werden kann, mit Mehrkosten verbunden ist, die auch unter Berücksichtigung der Vorbildfunktion nicht unerheblich sind; im Übrigen ist Absatz 1 Satz 2 und 3 entsprechend anzuwenden, und

3. die Gemeinde oder der Gemeindeverband durch Beschluss das Vorliegen der Voraussetzungen nach Nummer 2 feststellt; die jeweiligen Regelungen zur Beschlussfassung bleiben unberührt.

(3) Die Pflicht nach § 52 Absatz 1 besteht nicht für ein Gebäude, das der Landesverteidigung dient, soweit ihre Erfüllung der Art und dem Hauptzweck der Landesverteidigung entgegensteht.

§ 56 Abweichungsbefugnis

Die Länder können

1. für bestehende öffentliche Gebäude, mit Ausnahme der öffentlichen Gebäude des Bundes, eigene Regelungen zur Erfüllung der Vorbildfunktion nach § 4 treffen und zu diesem Zweck von den Vorschriften dieses Abschnitts abweichen und

2. für bestehende Gebäude, die keine öffentlichen Gebäude sind, eine Pflicht zur Nutzung von erneuerbaren Energien festlegen.

Teil 4
Anlagen der Heizungs-, Kühl- und Raumlufttechnik sowie der Warmwasserversorgung

Abschnitt 1
Aufrechterhaltung der energetischen Qualität bestehender Anlagen

Unterabschnitt 1
Veränderungsverbot

§ 57 Verbot von Veränderungen; entgegenstehende Rechtsvorschriften

(1) Eine Anlage und Einrichtung der Heizungs-, Kühl- oder Raumlufttechnik oder der Warmwasserversorgung darf, soweit sie zum Nachweis der Anforderungen energieeinsparrechtlicher Vorschriften des Bundes zu berücksichtigen war, nicht in einer Weise verändert werden, dass die energetische Qualität des Gebäudes verschlechtert wird.

(2) Die Anforderungen an Anlagen und Einrichtungen nach diesem Teil sind nicht anzuwenden, soweit ihre Erfüllung anderen öffentlich-rechtlichen Vorschriften zur Standsicherheit, zum Brandschutz, zum Schallschutz, zum Arbeitsschutz oder zum Schutz der Gesundheit entgegensteht.

Unterabschnitt 2
Betreiberpflichten

§ 58 Betriebsbereitschaft

(1) Energiebedarfssenkende Einrichtungen in Anlagen und Einrichtungen der Heizungs-, Kühl- und Raumlufttechnik sowie der Warmwasserversorgung sind vom Betreiber betriebsbereit zu erhalten und bestimmungsgemäß zu nutzen.

(2) Der Betreiber kann seine Pflicht nach Absatz 1 auch dadurch erfüllen, dass er andere anlagentechnische oder bauliche Maßnahmen trifft, die den Einfluss einer energiebedarfssenkenden Einrichtung auf den Jahres-Primärenergiebedarf ausgleicht.

§ 59 Sachgerechte Bedienung

Eine Anlage und Einrichtung der Heizungs-, Kühl- oder Raumlufttechnik oder der Warmwasserversorgung ist vom Betreiber sachgerecht zu bedienen.

§ 60 Wartung und Instandhaltung

(1) Komponenten, die einen wesentlichen Einfluss auf den Wirkungsgrad von Anlagen und Einrichtungen der Heizungs-, Kühl- und Raumlufttechnik sowie der Warmwasserversorgung haben, sind vom Betreiber regelmäßig zu warten und instand zu halten.

(2) Für die Wartung und Instandhaltung ist Fachkunde erforderlich. Fachkundig ist, wer die zur Wartung und Instandhaltung notwendigen Fachkenntnisse und Fertigkeiten besitzt. Die Handwerksordnung bleibt unberührt.

Abschnitt 2
Einbau und Ersatz

Unterabschnitt 1
Verteilungseinrichtungen und Warmwasseranlagen

§ 61 Verringerung und Abschaltung der Wärmezufuhr sowie Ein- und Ausschaltung elektrischer Antriebe

(1) Wird eine Zentralheizung in ein Gebäude eingebaut, hat der Bauherr oder der Eigentümer dafür Sorge zu tragen, dass die Zentralheizung mit zentralen selbsttätig wirkenden Einrichtungen zur Verringerung und Abschaltung der Wärmezufuhr sowie zur Ein- und Ausschaltung elektrischer Antriebe ausgestattet ist. Die Regelung der Wärmezufuhr sowie der elektrischen Antriebe im Sinne von Satz 1 erfolgt in Abhängigkeit von

1. der Außentemperatur oder einer anderen geeigneten Führungsgröße und
2. der Zeit.

(2) Soweit die in Absatz 1 Satz 1 geforderte Ausstattung bei einer Zentralheizung in einem bestehenden Gebäude nicht vorhanden ist, muss der Eigentümer sie bis zum 30. September 2021 nachrüsten.

(3) Wird in einem Wohngebäude, das mehr als fünf Wohnungen hat, eine Zentralheizung eingebaut, die jede einzelne Wohnung mittels Wärmeübertrager im Durchlaufprinzip mit Wärme für die Beheizung und die Warmwasserbereitung aus dem zentralen System versorgt, kann jede einzelne Wohnung mit den Einrichtungen nach Absatz 1 ausgestattet werden.

§ 62 Wasserheizung, die ohne Wärmeübertrager an eine Nah- oder Fernwärmeversorgung angeschlossen ist

Bei einer Wasserheizung, die ohne Wärmeübertrager an eine Nah- oder Fernwärmeversorgung angeschlossen ist, kann die Pflicht nach § 61 hinsichtlich der Verringerung und Abschaltung der Wärmezufuhr auch ohne entsprechende Einrichtung in der Haus- und Kundenanlage dadurch erfüllt werden, dass die Vorlauftemperatur des Nah- oder Fernwärmenetzes in Abhängigkeit von der Außentemperatur und der Zeit durch eine entsprechende Einrichtung in der zentralen Erzeugungsanlage geregelt wird.

§ 63 Raumweise Regelung der Raumtemperatur

(1) Wird eine heizungstechnische Anlage mit Wasser als Wärmeträger in ein Gebäude eingebaut, hat der Bauherr oder der Eigentümer dafür Sorge zu tragen, dass die heizungstechnische Anlage mit einer selbsttätig wirkenden Einrichtung zur raumweisen Regelung der Raumtemperatur ausgestattet ist. Satz 1 ist nicht anzuwenden auf

1.

eine Fußbodenheizung in Räumen mit weniger als sechs Quadratmetern Nutzfläche oder

2.

ein Einzelheizgerät, das zum Betrieb mit festen oder flüssigen Brennstoffen eingerichtet ist.

(2) Mit Ausnahme von Wohngebäuden ist für Gruppen von Räumen gleicher Art und Nutzung eine Gruppenregelung zulässig.

(3) Soweit die in Absatz 1 Satz 1 geforderte Ausstattung bei einem bestehenden Gebäude nicht vorhanden ist, muss der Eigentümer sie nachrüsten. Absatz 1 Satz 2 und Absatz 2 sind entsprechend anzuwenden.

(4) Eine Fußbodenheizung, die vor dem 1. Februar 2002 eingebaut worden ist, darf abweichend von Absatz 1 Satz 1 mit einer Einrichtung zur raumweisen Anpassung der Wärmeleistung an die Heizlast ausgestattet werden.

§ 64 Umwälzpumpe, Zirkulationspumpe

(1) Eine Umwälzpumpe, die im Heizkreis einer Zentralheizung mit mehr als 25 Kilowatt Nennleistung eingebaut wird, ist so auszustatten, dass die elektrische Leistungsaufnahme dem betriebsbedingten Förderbedarf selbsttätig in mindestens drei Stufen angepasst wird, soweit die Betriebssicherheit des Heizkessels dem nicht entgegensteht.

(2) Eine Zirkulationspumpe muss beim Einbau in eine Warmwasseranlage mit einer selbsttätig wirkenden Einrichtung zur Ein- und Ausschaltung ausgestattet werden. Die Trinkwasserverordnung bleibt unberührt.

Unterabschnitt 2
Klimaanlagen und sonstige Anlagen der Raumlufttechnik

§ 65 Begrenzung der elektrischen Leistung

Beim Einbau einer Klimaanlage, die eine Nennleistung für den Kältebedarf von mehr als 12 Kilowatt hat, und einer raumlufttechnischen Anlage mit Zu- und Abluftfunktion, die für einen Volumenstrom der Zuluft von wenigstens 4 000 Kubikmetern je Stunde ausgelegt ist, in ein Gebäude sowie bei der Erneuerung von einem Zentralgerät oder Luftkanalsystem einer solchen Anlage muss diese Anlage so ausgeführt werden, dass bei Auslegungsvolumenstrom der Grenzwert für die spezifische Ventilatorleistung nach DIN EN 16798-3: 2017-11 Kategorie 4 nicht überschritten wird von

1.

der auf das Fördervolumen bezogenen elektrischen Leistung der Einzelventilatoren oder

2.

dem gewichteten Mittelwert der auf das jeweilige Fördervolumen bezogenen elektrischen Leistung aller Zu- und Abluftventilatoren.

Der Grenzwert für die spezifische Ventilatorleistung der Kategorie 4 kann um Zuschläge nach DIN EN 16798: 2017-11 Abschnitt 9.5.2.2 für Gas- und Schwebstofffilter- sowie Wärmerückführungsbauteile der Klasse H2 nach DIN EN 13053: 2012-02 erweitert werden.

§ 66 Regelung der Be- und Entfeuchtung

(1) Soweit eine Anlage nach § 65 Satz 1 dazu bestimmt ist, die Feuchte der Raumluft unmittelbar zu verändern, muss diese Anlage beim Einbau in ein Gebäude und bei Erneuerung des Zentralgerätes einer solcher Anlage mit einer selbsttätig wirkenden Regelungseinrichtung ausgestattet werden, bei der getrennte Sollwerte für die Be- und die Entfeuchtung eingestellt werden können und als Führungsgröße mindestens die direkt gemessene Zu- oder Abluftfeuchte dient.

(2) Sind solche Einrichtungen in einer bestehenden Anlage nach § 65 Satz 1 nicht vorhanden, muss der Betreiber sie innerhalb von sechs Monaten nach Ablauf der Frist des § 76 Absatz 1 Satz 2 nachrüsten. Für sonstige raumlufttechnische Anlagen ist Satz 1 entsprechend anzuwenden.

§ 67 Regelung der Volumenströme

(1) Beim Einbau einer Anlage nach § 65 Satz 1 in Gebäude und bei der Erneuerung eines Zentralgerätes oder eines Luftkanalsystems einer solcher Anlage muss diese Anlage mit einer Einrichtung zur selbsttätigen Regelung der Volumenströme in Abhängigkeit von den thermischen und stofflichen Lasten oder zur Einstellung der Volumenströme in Abhängigkeit von der Zeit ausgestattet werden, wenn der Zuluftvolumenstrom dieser Anlage höher ist als

1. neun Kubikmeter pro Stunde je Quadratmeter versorgter Nettogrundfläche des Nichtwohngebäudes oder
2. neun Kubikmeter pro Stunde je Quadratmeter versorgter Gebäudenutzfläche des Wohngebäudes.

(2) Absatz 1 ist nicht anzuwenden, soweit in den versorgten Räumen auf Grund des Arbeits- und Gesundheitsschutzes erhöhte Zuluftvolumenströme erforderlich oder Laständerungen weder messtechnisch noch hinsichtlich des zeitlichen Verlaufs erfassbar sind.

§ 68 Wärmerückgewinnung

Wird eine Anlage nach § 65 Satz 1 in Gebäude eingebaut oder ein Zentralgerät einer solchen Anlage erneuert, muss diese mit einer Einrichtung zur Wärmerückgewinnung ausgestattet sein, es sei denn, die rückgewonnene Wärme kann nicht genutzt werden oder das Zu- und das Abluftsystem sind räumlich vollständig getrennt. Die Einrichtung zur Wärmerückgewinnung muss mindestens der DIN EN 13053: 2007-11 Klassifizierung H3 entsprechen. Für die Betriebsstundenzahl sind die Nutzungsrandbedingungen nach DIN V 18599-10: 2018-09 und für den Luftvolumenstrom der Außenluftvolumenstrom maßgebend.

Unterabschnitt 3
Wärmedämmung von Rohrleitungen und Armaturen

§ 69 Wärmeverteilungs- und Warmwasserleitungen sowie Armaturen

Werden Wärmeverteilungs- und Warmwasserleitungen sowie Armaturen erstmalig in ein Gebäude eingebaut oder werden sie ersetzt, hat der Bauherr oder der Eigentümer dafür Sorge zu tragen, dass die Wärmeabgabe der Rohrleitungen und Armaturen nach Anlage 8 begrenzt wird.

§ 70 Kälteverteilungs- und Kaltwasserleitungen sowie Armaturen

Werden Kälteverteilungs- und Kaltwasserleitungen sowie Armaturen, die zu Klimaanlagen oder sonstigen Anlagen der Raumlufttechnik im Sinne des § 65 Satz 1 gehören, erstmalig in ein Gebäude eingebaut oder werden sie ersetzt, hat der Bauherr oder der Eigentümer dafür Sorge zu tragen, dass die Wärmeaufnahme der eingebauten oder ersetzten Kälteverteilungs- und Kaltwasserleitungen sowie Armaturen nach Anlage 8 begrenzt wird.

Unterabschnitt 4
Nachrüstung bei heizungstechnischen Anlagen; Betriebsverbot für Heizkessel

§ 71 Dämmung von Wärmeverteilungs- und Warmwasserleitungen

(1) Der Eigentümer eines Gebäudes hat dafür Sorge zu tragen, dass bei heizungstechnischen Anlagen bisher ungedämmte, zugängliche Wärmeverteilungs- und Warmwasserleitungen, die sich nicht in beheizten Räumen befinden, die Wärmeabgabe der Rohrleitungen nach Anlage 8 begrenzt wird.

(2) Absatz 1 ist nicht anzuwenden, soweit die für eine Nachrüstung erforderlichen Aufwendungen durch die eintretenden Einsparungen nicht innerhalb angemessener Frist erwirtschaftet werden können.

§ 72 Betriebsverbot für Heizkessel, Ölheizungen

(1) Eigentümer von Gebäuden dürfen ihre Heizkessel, die mit einem flüssigen oder gasförmigen Brennstoff beschickt werden und vor dem 1. Januar 1991 eingebaut oder aufgestellt worden sind, nicht mehr betreiben.

(2) Eigentümer von Gebäuden dürfen ihre Heizkessel, die mit einem flüssigen oder gasförmigen Brennstoff beschickt werden und ab dem 1. Januar 1991 eingebaut oder aufgestellt worden sind, nach Ablauf von 30 Jahren nach Einbau oder Aufstellung nicht mehr betreiben.

(3) Die Absätze 1 und 2 sind nicht anzuwenden auf

1. Niedertemperatur-Heizkessel und Brennwertkessel sowie
2. heizungstechnische Anlagen, deren Nennleistung weniger als 4 Kilowatt oder mehr als 400 Kilowatt beträgt.

(4) Ab dem 1. Januar 2026 dürfen Heizkessel, die mit Heizöl oder mit festem fossilem Brennstoff beschickt werden, zum Zwecke der Inbetriebnahme in ein Gebäude nur eingebaut oder in einem Gebäude nur aufgestellt werden, wenn

1. ein Gebäude so errichtet worden ist oder errichtet wird, dass der Wärme- und Kälteenergiebedarf nach § 10 Absatz 2 Nummer 3 anteilig durch erneuerbare Energien nach Maßgabe der §§ 34 bis 41 und nicht durch Maßnahmen nach den §§ 42 bis 45 gedeckt wird,
2. ein bestehendes öffentliches Gebäude nach § 52 Absatz 1 so geändert worden ist oder geändert wird, dass der Wärme- und Kälteenergiebedarf anteilig durch erneuerbare Energien nach Maßgabe von § 52 Absatz 3 und 4 gedeckt wird und die Pflicht nach § 52 Absatz 1 nicht durch eine Ersatzmaßnahme nach § 53 erfüllt worden ist oder erfüllt wird,
3. ein bestehendes Gebäude so errichtet oder geändert worden ist oder geändert wird, dass der Wärme- und Kälteenergiebedarf anteilig durch erneuerbare Energien gedeckt wird, oder
4. bei einem bestehenden Gebäude kein Anschluss an ein Gasversorgungsnetz oder an ein Fernwärmeverteilungsnetz hergestellt werden kann, weil kein Gasversorgungsnetz der allgemeinen Versorgung oder kein Verteilungsnetz eines Fernwärmeversorgungsunternehmens am Grundstück anliegt und eine anteilige Deckung des Wärme- und Kälteenergiebedarfs durch erneuerbare Energien technisch nicht möglich ist oder zu einer unbilligen Härte führt.

Die Pflichten nach § 10 Absatz 2 Nummer 3 und nach § 52 Absatz 1 bleiben unberührt.

(5) Absatz 4 Satz 1 ist nicht anzuwenden, wenn die Außerbetriebnahme einer mit Heizöl oder mit festem fossilem Brennstoff betriebenen Heizung und der Einbau einer neuen nicht mit Heizöl oder mit festem fossilem Brennstoff betriebenen Heizung im Einzelfall wegen besonderer Umstände durch einen unangemessenen Aufwand oder in sonstiger Weise zu einer unbilligen Härte führen.

§ 73 Ausnahme

(1) Bei einem Wohngebäude mit nicht mehr als zwei Wohnungen, von denen der Eigentümer eine Wohnung am 1. Februar 2002 selbst bewohnt hat, sind die Pflichten nach § 71 und § 72 Absatz 1 und 2 erst im Falle eines Eigentümerwechsels nach dem 1. Februar 2002 von dem neuen Eigentümer zu erfüllen.

(2) Die Frist zur Pflichterfüllung beträgt zwei Jahre ab dem ersten Eigentumsübergang nach dem 1. Februar 2002.

Abschnitt 3
Energetische Inspektion von Klimaanlagen

§ 74 Betreiberpflicht

(1) Der Betreiber von einer in ein Gebäude eingebauten Klimaanlage mit einer Nennleistung für den Kältebedarf von mehr als 12 Kilowatt oder einer kombinierten Klima- und Lüftungsanlage mit einer Nennleistung für den Kältebedarf von mehr als 12 Kilowatt hat innerhalb der in § 76 genannten Zeiträume energetische Inspektionen dieser Anlage durch eine berechtigte Person im Sinne des § 77 Absatz 1 durchführen zu lassen.

(2) Der Betreiber kann die Pflicht nach Absatz 1 Satz 1 durch eine stichprobenweise Inspektion nach Maßgabe von § 75 Absatz 4 erfüllen, wenn er mehr als zehn Klimaanlagen mit einer Nennleistung für den Kältebedarf von mehr als 12 Kilowatt und bis zu 70 Kilowatt oder mehr als zehn kombinierte Klima- und Lüftungsanlagen mit einer Nennleistung für den Kältebedarf von mehr als 12 Kilowatt und bis zu 70 Kilowatt betreibt, die in vergleichbare Nichtwohngebäude eingebaut und nach Anlagentyp und Leistung gleichartig sind. Ein Nichtwohngebäude ist vergleichbar, wenn es nach demselben Plan errichtet wird, der für mehrere Nichtwohngebäude an verschiedenen Standorten erstellt wurde. Nach Anlagentyp und Leistung gleichartige Klimaanlagen oder kombinierte Klima- und Lüftungsanlagen sind Anlagen gleicher Bauart, gleicher Funktion und gleicher Kühlleistung je Quadratmeter Nettogrundfläche.

(3) Die Pflicht nach Absatz 1 besteht nicht, wenn eine Klimaanlage oder eine kombinierte Klima- und Lüftungsanlage in ein Nichtwohngebäude eingebaut ist, das mit einem System für die Gebäudeautomation und Gebäuderegelung nach Maßgabe von Satz 2 ausgestattet ist. Das System muss in der Lage sein,

1. den Energieverbrauch des Gebäudes kontinuierlich zu überwachen, zu protokollieren, zu analysieren und dessen Anpassung zu ermöglichen,

2. einen Vergleichsmaßstab in Bezug auf die Energieeffizienz des Gebäudes aufzustellen, Effizienzverluste der vorhandenen gebäudetechnischen Systeme zu erkennen und die für die gebäudetechnischen Einrichtungen oder die gebäudetechnische Verwaltung zuständige Person zu informieren und

3. die Kommunikation zwischen den vorhandenen, miteinander verbundenen gebäudetechnischen Systemen und anderen gebäudetechnischen Anwendungen innerhalb des Gebäudes zu ermöglichen und gemeinsam mit verschiedenen Typen gebäudetechnischer Systeme betrieben zu werden.

(4) Die Pflicht nach Absatz 1 besteht nicht, wenn eine Klimaanlage oder eine kombinierte Klima- und Lüftungsanlage in ein Wohngebäude eingebaut ist, das ausgestattet ist mit

1. einer kontinuierlichen elektronischen Überwachungsfunktion, die die Effizienz der vorhandenen gebäudetechnischen Systeme misst und den Eigentümer oder Verwalter des Gebäudes darüber informiert, wenn sich die Effizienz erheblich verschlechtert hat und eine Wartung der vorhandenen gebäudetechnischen Systeme erforderlich ist, und

2. einer wirksamen Regelungsfunktion zur Gewährleistung einer optimalen Erzeugung, Verteilung, Speicherung oder Nutzung von Energie.

§ 75 Durchführung und Umfang der Inspektion

(1) Die Inspektion einer Klimaanlage oder einer kombinierten Klima- und Lüftungsanlage umfasst Maßnahmen zur Prüfung der Komponenten, die den Wirkungsgrad der Anlage beeinflussen, und der Anlagendimensionierung im Verhältnis zum Kühlbedarf des Gebäudes.

(2) Die Inspektion bezieht sich insbesondere auf

1.

die Überprüfung und Bewertung der Einflüsse, die für die Auslegung der Anlage verantwortlich sind, insbesondere Veränderungen der Raumnutzung und -belegung, der Nutzungszeiten, der inneren Wärmequellen sowie der relevanten bauphysikalischen Eigenschaften des Gebäudes und der vom Betreiber geforderten Sollwerte hinsichtlich Luftmengen, Temperatur, Feuchte, Betriebszeit sowie Toleranzen, und

2.

die Feststellung der Effizienz der wesentlichen Komponenten.

(3) Die Inspektion einer Klimaanlage mit einer Nennleistung für den Kältebedarf von mehr als 70 Kilowatt oder einer kombinierten Klima- und Lüftungsanlage mit einer Nennleistung für den Kältebedarf von mehr als 70 Kilowatt ist nach DIN SPEC 15240: 2019-03 durchzuführen.

(4) In den Fällen des § 74 Absatz 2 ist bei einem Betrieb von bis zu 200 Klimaanlagen jede zehnte Anlage und bei einem Betrieb von mehr als 200 Klimaanlagen jede 20. Anlage einer Inspektion nach Maßgabe der Absätze 1 bis 3 zu unterziehen.

§ 76 Zeitpunkt der Inspektion

(1) Die Inspektion ist erstmals im zehnten Jahr nach der Inbetriebnahme oder der Erneuerung wesentlicher Bauteile wie Wärmeübertrager, Ventilator oder Kältemaschine durchzuführen. Abweichend von Satz 1 ist eine Klimaanlage oder eine kombinierte Klima- und Lüftungsanlage, die am 1. Oktober 2018 mehr als zehn Jahre alt war und noch keiner Inspektion unterzogen wurde, spätestens bis zum 31. Dezember 2022 erstmals einer Inspektion zu unterziehen.

(2) Nach der erstmaligen Inspektion ist die Anlage wiederkehrend spätestens alle zehn Jahre einer Inspektion zu unterziehen. Wenn an der Klimaanlage oder der kombinierten Klima- und Lüftungsanlage nach der erstmaligen Inspektion oder nach einer wiederkehrenden Inspektion keine Änderungen vorgenommen wurden oder in Bezug auf den Kühlbedarf des Gebäudes keine Änderungen eingetreten sind, muss die Prüfung der Anlagendimensionierung nicht wiederholt werden.

§ 77 Fachkunde des Inspektionspersonals

(1) Eine Inspektion darf nur von einer fachkundigen Person durchgeführt werden.

(2) Fachkundig ist insbesondere

1.

eine Person mit einem berufsqualifizierenden Hochschulabschluss in einer der Fachrichtungen Versorgungstechnik oder Technische Gebäudeausrüstung mit mindestens einem Jahr Berufserfahrung in Planung, Bau, Betrieb oder Prüfung raumlufttechnischer Anlagen,

2.

eine Person mit einem berufsqualifizierenden Hochschulabschluss in einer der Fachrichtungen Maschinenbau, Elektrotechnik, Verfahrenstechnik oder Bauingenieurwesen oder einer anderen technischen Fachrichtung mit einem Ausbildungsschwerpunkt bei der Versorgungstechnik oder der Technischen Gebäudeausrüstung mit mindestens drei Jahren Berufserfahrung in Planung, Bau, Betrieb oder Prüfung raumlufttechnischer Anlagen,

3.

eine Person, die für ein zulassungspflichtiges anlagentechnisches Gewerbe die Voraussetzungen zur Eintragung in die Handwerksrolle erfüllt,

4.

eine Person, die für ein zulassungsfreies Handwerk in einem der Bereiche nach Nummer 3 einen Meistertitel erworben hat,

5.

eine Person, die auf Grund ihrer Ausbildung berechtigt ist, ein zulassungspflichtiges Handwerk in einem der Bereiche nach Nummer 3 ohne Meistertitel selbständig auszuüben,

6.

eine Person, die staatlich anerkannter oder geprüfter Techniker ist, dessen Ausbildungsschwerpunkt auch die Beurteilung von Lüftungs- und Klimaanlagen umfasst.

(3) Eine gleichwertige Aus- oder Fortbildung, die in einem anderen Mitgliedstaat der Europäischen Union, einem anderen Vertragsstaat des Abkommens über den Europäischen Wirtschaftsraum oder der Schweiz erworben worden ist und durch einen entsprechenden Nachweis belegt werden kann, ist den in Absatz 2 genannten Aus- und Fortbildungen gleichgestellt.

§ 78 Inspektionsbericht; Registriernummern

(1) Die inspizierende Person hat einen Inspektionsbericht mit den Ergebnissen der Inspektion und Ratschlägen in Form von kurz gefassten fachlichen Hinweisen für Maßnahmen zur kosteneffizienten Verbesserung der energetischen Eigenschaften der Anlage, für deren Austausch oder für Alternativlösungen zu erstellen.

(2) Die inspizierende Person hat den Inspektionsbericht unter Angabe ihres Namens, ihrer Anschrift und Berufsbezeichnung sowie des Datums der Inspektion und des Ausstellungsdatums eigenhändig zu unterschreiben oder mit einem Faksimile der Unterschrift zu versehen. Der Inspektionsbericht ist dem Betreiber zu übergeben.

(3) Vor Übergabe des Inspektionsberichts an den Betreiber hat die inspizierende Person die nach § 98 Absatz 2 zugeteilte Registriernummer einzutragen.

(4) Zur Sicherstellung des Vollzugs der Inspektionspflicht nach § 74 Absatz 1 hat der Betreiber den Inspektionsbericht der nach Landesrecht zuständigen Behörde auf Verlangen vorzulegen.

Teil 5
Energieausweise

§ 79 Grundsätze des Energieausweises

(1) Energieausweise dienen ausschließlich der Information über die energetischen Eigenschaften eines Gebäudes und sollen einen überschlägigen Vergleich von Gebäuden ermöglichen. Ein Energieausweis ist als Energiebedarfsausweis oder als Energieverbrauchsausweis nach Maßgabe der §§ 80 bis 86 auszustellen. Es ist zulässig, sowohl den Energiebedarf als auch den Energieverbrauch anzugeben.

(2) Ein Energieausweis wird für ein Gebäude ausgestellt. Er ist für Teile von einem Gebäude auszustellen, wenn die Gebäudeteile nach § 106 getrennt zu behandeln sind.

(3) Ein Energieausweis ist für eine Gültigkeitsdauer von zehn Jahren auszustellen. Unabhängig davon verliert er seine Gültigkeit, wenn nach § 80 Absatz 2 ein neuer Energieausweis erforderlich wird.

(4) Auf ein kleines Gebäude sind die Vorschriften dieses *Abschnitts* nicht anzuwenden. Auf ein Baudenkmal ist § 80 Absatz 3 bis 7 nicht anzuwenden.

§ 80 Ausstellung und Verwendung von Energieausweisen

(1) Wird ein Gebäude errichtet, ist ein Energiebedarfsausweis unter Zugrundelegung der energetischen Eigenschaften des fertiggestellten Gebäudes auszustellen. Der Eigentümer hat sicherzustellen, dass der Energieausweis unverzüglich nach Fertigstellung des Gebäudes ausgestellt und ihm der Energieausweis oder eine Kopie hiervon übergeben wird. Die Sätze 1 und 2 sind für den Bauherren entsprechend anzuwenden, wenn der Eigentümer nicht zugleich Bauherr des Gebäudes ist. Der Eigentümer hat den Energieausweis der nach Landesrecht zuständigen Behörde auf Verlangen vorzulegen.

(2) Werden bei einem bestehenden Gebäude Änderungen im Sinne des § 48 ausgeführt, ist ein Energiebedarfsausweis unter Zugrundelegung der energetischen Eigenschaften des geänderten Gebäudes auszustellen, wenn unter Anwendung des § 50 Absatz 1 und 2 für das gesamte Gebäude Berechnungen nach § 50 Absatz 3 durchgeführt werden. Absatz 1 Satz 2 bis 4 ist entsprechend anzuwenden.

(3) Soll ein mit einem Gebäude bebautes Grundstück oder Wohnungs- oder Teileigentum verkauft, ein Erbbaurecht an einem bebauten Grundstück begründet oder übertragen oder ein Gebäude, eine Wohnung oder eine sonstige selbständige Nutzungseinheit vermietet, verpachtet oder verleast werden, ist ein Energieausweis auszustellen, wenn nicht bereits ein gültiger Energieausweis für das Gebäude vorliegt. In den Fällen des Satzes 1 ist für Wohngebäude, die weniger als fünf Wohnungen haben und für die der Bauantrag vor dem 1. November 1977 gestellt worden ist, ein Energiebedarfsausweis auszustellen. Satz 2 ist nicht anzuwenden, wenn das Wohngebäude

1.

schon bei der Baufertigstellung das Anforderungsniveau der Wärmeschutzverordnung vom 11. August 1977 (BGBl.

I S. 1554) erfüllt hat oder

2. durch spätere Änderungen mindestens auf das in Nummer 1 bezeichnete Anforderungsniveau gebracht worden ist.

Bei der Ermittlung der energetischen Eigenschaften des Wohngebäudes nach Satz 3 können die Bestimmungen über die vereinfachte Datenerhebung nach § 50 Absatz 4 angewendet werden.

(4) Im Falle eines Verkaufs oder der Bestellung eines Rechts im Sinne des Absatzes 3 Satz 1 hat der Verkäufer oder der Immobilienmakler dem potenziellen Käufer spätestens bei der Besichtigung einen Energieausweis oder eine Kopie hiervon vorzulegen. Die Vorlagepflicht wird auch durch einen deutlich sichtbaren Aushang oder ein deutlich sichtbares Auslegen während der Besichtigung erfüllt. Findet keine Besichtigung statt, haben der Verkäufer oder der Immobilienmakler den Energieausweis oder eine Kopie hiervon dem potenziellen Käufer unverzüglich vorzulegen. Der Energieausweis oder eine Kopie hiervon ist spätestens dann unverzüglich vorzulegen, wenn der potenzielle Käufer zur Vorlage auffordert. Unverzüglich nach Abschluss des Kaufvertrages hat der Verkäufer oder der Immobilienmakler dem Käufer den Energieausweis oder eine Kopie hiervon zu übergeben. Im Falle des Verkaufs eines Wohngebäudes mit nicht mehr als zwei Wohnungen hat der Käufer nach Übergabe des Energieausweises ein informatorisches Beratungsgespräch zum Energieausweis mit einer nach § 88 zur Ausstellung von Energieausweisen berechtigten Person zu führen, wenn ein solches Beratungsgespräch als einzelne Leistung unentgeltlich angeboten wird.

(5) Im Falle einer Vermietung, Verpachtung oder eines Leasings im Sinne des Absatzes 3 Satz 1 ist für den Vermieter, den Verpächter, den Leasinggeber oder den Immobilienmakler Absatz 4 Satz 1 bis 5 entsprechend anzuwenden.

(6) Der Eigentümer eines Gebäudes, in dem sich mehr als 250 Quadratmeter Nutzfläche mit starkem Publikumsverkehr befinden, der auf behördlicher Nutzung beruht, hat sicherzustellen, dass für das Gebäude ein Energieausweis ausgestellt wird. Der Eigentümer hat den nach Satz 1 ausgestellten Energieausweis an einer für die Öffentlichkeit gut sichtbaren Stelle auszuhängen. Wird die in Satz 1 genannte Nutzfläche nicht oder nicht überwiegend vom Eigentümer selbst genutzt, so trifft die Pflicht zum Aushang des Energieausweises den Nutzer. Der Eigentümer hat ihm zu diesem Zweck den Energieausweis oder eine Kopie hiervon zu übergeben. Zur Erfüllung der Pflicht nach Satz 2 ist es ausreichend, von einem Energieausweis nur einen Auszug nach dem Muster gemäß § 85 Absatz 8 auszuhängen.

(7) Der Eigentümer eines Gebäudes, in dem sich mehr als 500 Quadratmeter Nutzfläche mit starkem Publikumsverkehr befinden, der nicht auf behördlicher Nutzung beruht, hat einen Energieausweis an einer für die Öffentlichkeit gut sichtbaren Stelle auszuhängen, sobald für das Gebäude ein Energieausweis vorliegt. Absatz 6 Satz 3 bis 5 ist entsprechend anzuwenden.

§ 81 Energiebedarfsausweis

(1) Wird ein Energieausweis für ein zu errichtendes Gebäude auf der Grundlage des berechneten Energiebedarfs ausgestellt, sind die Ergebnisse der nach den §§ 15 und 16 oder nach den §§ 18 und 19 erforderlichen Berechnungen zugrunde zu legen. In den Fällen des § 31 Absatz 1 sind die Kennwerte zu verwenden, die in den Bekanntmachungen nach § 31 Absatz 2 der jeweils zutreffenden Ausstattungsvariante zugewiesen sind.

(2) Wird ein Energieausweis für ein bestehendes Gebäude auf der Grundlage des berechneten Energiebedarfs ausgestellt, ist auf die erforderlichen Berechnungen § 50 Absatz 3 und 4 entsprechend anzuwenden.

§ 82 Energieverbrauchsausweis

(1) Wird ein Energieausweis auf der Grundlage des erfassten Endenergieverbrauchs ausgestellt, sind der witterungsbereinigte Endenergie- und Primärenergieverbrauch nach Maßgabe der Absätze 2 bis 5 zu berechnen. Die Bestimmungen des § 50 Absatz 4 über die vereinfachte Datenerhebung sind entsprechend anzuwenden.

(2) Bei einem Wohngebäude ist der Endenergieverbrauch für Heizung und Warmwasserbereitung zu ermitteln und in Kilowattstunden pro Jahr und Quadratmeter Gebäudenutzfläche anzugeben. Ist im Fall dezentraler Warmwasserbereitung in einem Wohngebäude der hierauf entfallende Verbrauch nicht bekannt, ist der Endenergieverbrauch um eine Pauschale von 20 Kilowattstunden pro Jahr und Quadratmeter Gebäudenutzfläche zu erhöhen. Im Fall der Kühlung von Raumluft in einem Wohngebäude ist der für Heizung und Warmwasser ermittelte Endenergieverbrauch um eine Pauschale von 6 Kilowattstunden pro Jahr und Quadratmeter gekühlter Gebäudenutzfläche zu erhöhen. Ist die Gebäudenutzfläche nicht bekannt, kann sie bei Wohngebäuden mit bis zu zwei Wohneinheiten mit beheiztem Keller pauschal mit dem 1,35fachen

Wert der Wohnfläche, bei sonstigen Wohngebäuden mit dem 1,2fachen Wert der Wohnfläche angesetzt werden. Bei Nichtwohngebäuden ist der Endenergieverbrauch für Heizung, Warmwasserbereitung, Kühlung, Lüftung und eingebaute Beleuchtung zu ermitteln und in Kilowattstunden pro Jahr und Quadratmeter Nettogrundfläche anzugeben.

(3) Der Endenergieverbrauch für die Heizung ist einer Witterungsbereinigung zu unterziehen. Der Primärenergieverbrauch wird auf der Grundlage des Endenergieverbrauchs und der Primärenergiefaktoren nach § 22 errechnet.

(4) Zur Ermittlung des Energieverbrauchs sind die folgenden Verbrauchsdaten zu verwenden:

1. Verbrauchsdaten aus Abrechnungen von Heizkosten nach der Verordnung über Heizkostenabrechnung in der Fassung der Bekanntmachung vom 5. Oktober 2009 (BGBl. I S. 3250) für das gesamte Gebäude,

2. andere geeignete Verbrauchsdaten, insbesondere Abrechnungen von Energielieferanten oder sachgerecht durchgeführte Verbrauchsmessungen, oder

3. eine Kombination von Verbrauchsdaten nach den Nummern 1 und 2.

Den zu verwendenden Verbrauchsdaten sind mindestens die Abrechnungen aus einem zusammenhängenden Zeitraum von 36 Monaten zugrunde zu legen, der die jüngste Abrechnungsperiode einschließt, deren Ende nicht mehr als 18 Monate zurückliegen darf. Bei der Ermittlung nach Satz 2 sind längere Leerstände rechnerisch angemessen zu berücksichtigen. Der maßgebliche Energieverbrauch ist der durchschnittliche Verbrauch in dem zugrunde gelegten Zeitraum.

(5) Für die Witterungsbereinigung des Endenergieverbrauchs und die angemessene rechnerische Berücksichtigung längerer Leerstände sowie die Berechnung des Primärenergieverbrauchs auf der Grundlage des ermittelten Endenergieverbrauchs ist ein den anerkannten Regeln der Technik entsprechendes Verfahren anzuwenden. Die Einhaltung der anerkannten Regeln der Technik wird vermutet, soweit bei der Ermittlung des Energieverbrauchs Vereinfachungen verwendet werden, die vom Bundesministerium für Wirtschaft und Energie und vom Bundesministerium des Innern, für Bau und Heimat im Bundesanzeiger gemeinsam bekannt gemacht worden sind.

§ 83 Ermittlung und Bereitstellung von Daten

(1) Der Aussteller ermittelt die Daten, die in den Fällen des § 80 Absatz 3 Satz 3 benötigt werden, sowie die Daten, die nach § 81 Absatz 1 und 2 in Verbindung mit den §§ 20 bis 33 und § 50 oder nach § 82 Absatz 1, 2 Satz 1 oder Satz 5 und Absatz 4 Satz 1 Grundlage für die Ausstellung des Energieausweises sind, selbst oder verwendet die entsprechenden vom Eigentümer des Gebäudes bereitgestellten Daten. Der Aussteller hat dafür Sorge zu tragen, dass die von ihm ermittelten Daten richtig sind.

(2) Wird ein Energiebedarfsausweis ausgestellt und stellt der Aussteller keine eigenen Berechnungen, die nach den §§ 15 und 16, nach den §§ 18 und 19 oder nach § 50 Absatz 3 erforderlich sind, an, hat er die Berechnungen einzusehen oder sich vom Eigentümer zur Verfügung stellen zu lassen. Wird ein Energieverbrauchsausweis ausgestellt und stellt der Aussteller keine eigenen Berechnungen nach § 82 Absatz 1 an, hat er die Berechnungen einzusehen oder sich vom Eigentümer zur Verfügung stellen zu lassen.

(3) Stellt der Eigentümer des Gebäudes die Daten bereit, hat er dafür Sorge zu tragen, dass die Daten richtig sind. Der Aussteller muss die vom Eigentümer bereitgestellten Daten sorgfältig prüfen und darf die Daten seinen Berechnungen nicht zugrunde legen, wenn Zweifel an deren Richtigkeit bestehen.

§ 84 Empfehlungen für die Verbesserung der Energieeffizienz

(1) Der Aussteller hat ein bestehendes Gebäude, für das er einen Energieausweis erstellt, vor Ort zu begehen oder sich für eine Beurteilung der energetischen Eigenschaften geeignete Bildaufnahmen des Gebäudes zur Verfügung stellen zu lassen und im Energieausweis Empfehlungen für Maßnahmen zur kosteneffizienten Verbesserung der energetischen Eigenschaften des Gebäudes (Energieeffizienz) in Form von kurz gefassten fachlichen Hinweisen zu geben (Modernisierungsempfehlungen), es sei denn, die fachliche Beurteilung hat ergeben, dass solche Maßnahmen nicht möglich sind. Die Modernisierungsempfehlungen beziehen sich auf Maßnahmen am gesamten Gebäude, an einzelnen Außenbauteilen sowie an Anlagen und Einrichtungen im Sinne dieses Gesetzes.

(2) Die Bestimmungen des § 50 Absatz 4 über die vereinfachte Datenerhebung sind entsprechend anzuwenden. Sind

Modernisierungsempfehlungen nicht möglich, hat der Aussteller dies im Energieausweis zu vermerken.

§ 85 Angaben im Energieausweis

(1) Ein Energieausweis muss mindestens folgende Angaben zur Ausweisart und zum Gebäude enthalten:

1. Fassung dieses Gesetzes, auf deren Grundlage der Energieausweis erstellt wird,
2. Energiebedarfsausweis im Sinne des § 81 oder Energieverbrauchsausweis im Sinne des § 82 mit Hinweisen zu den Aussagen der jeweiligen Ausweisart über die energetische Qualität des Gebäudes,
3. Ablaufdatum des Energieausweises,
4. Registriernummer,
5. Anschrift des Gebäudes,
6. Art des Gebäudes: Wohngebäude oder Nichtwohngebäude,
7. bei einem Wohngebäude: Gebäudetyp,
8. bei einem Nichtwohngebäude: Hauptnutzung oder Gebäudekategorie,
9. im Falle des § 79 Absatz 2 Satz 2: Gebäudeteil,
10. Baujahr des Gebäudes,
11. Baujahr des Wärmeerzeugers; bei einer Fern- oder Nahwärmeversorgung: Baujahr der Übergabestation,
12. bei einem Wohngebäude: Anzahl der Wohnungen und Gebäudenutzfläche; bei Ermittlung der Gebäudenutzfläche aus der Wohnfläche gemäß § 82 Absatz 2 Satz 4 ist darauf hinzuweisen,
13. bei einem Nichtwohngebäude: Nettogrundfläche,
14. wesentliche Energieträger für Heizung und Warmwasser,
15. bei Neubauten: Art der genutzten erneuerbaren Energie, deren Anteil an der Deckung des Wärme- und Kälteenergiebedarfs sowie der Anteil zur Pflichterfüllung; alternativ: Maßnahmen nach den §§ 42, 43, 44 oder 45,
16. Art der Lüftung und, falls vorhanden, Art der Kühlung,
17. inspektionspflichtige Klimaanlagen oder kombinierte Lüftungs- und Klimaanlage im Sinne des § 74 und Fälligkeitsdatum der nächsten Inspektion,
18. der Anlass der Ausstellung des Energieausweises,

19.

Durchführung der Datenerhebung durch Eigentümer oder Aussteller,

20.

Name, Anschrift und Berufsbezeichnung des Ausstellers, Ausstellungsdatum und Unterschrift des Ausstellers.

(2) Ein Energiebedarfsausweis im Sinne des § 81 muss zusätzlich zu den Angaben nach Absatz 1 mindestens folgende Angaben enthalten:

1.

bei Neubau eines Wohn- oder Nichtwohngebäudes: Ergebnisse der nach § 81 Absatz 1 Satz 1 erforderlichen Berechnungen, einschließlich der Anforderungswerte, oder im Fall des § 81 Absatz 1 Satz 2 die in der Bekanntmachung nach § 31 Absatz 2 genannten Kennwerte und nach Maßgabe von Absatz 6 die sich aus dem Jahres-Primärenergiebedarf ergebenden Treibhausgasemissionen, ausgewiesen als äquivalente Kohlendioxidemissionen, in Kilogramm pro Jahr und Quadratmeter der Gebäudenutzfläche bei Wohngebäuden oder der Nettogrundfläche bei Nichtwohngebäuden,

2.

in den Fällen des § 80 Absatz 2 bei bestehenden Wohn- oder Nichtwohngebäuden: Ergebnisse der nach § 81 Absatz 2 erforderlichen Berechnungen, einschließlich der Anforderungswerte, und nach Maßgabe von Absatz 6 die sich aus dem Jahres-Primärenergiebedarf ergebenden Treibhausgasemissionen, ausgewiesen als äquivalente Kohlendioxidemissionen, in Kilogramm pro Jahr und Quadratmeter der Gebäudenutzfläche bei Wohngebäuden oder der Nettogrundfläche bei Nichtwohngebäuden,

3.

bei Neubau eines Wohn- oder Nichtwohngebäudes: Einhaltung des sommerlichen Wärmeschutzes,

4.

das für die Energiebedarfsrechnung verwendete Verfahren:

a)

Verfahren nach den §§ 20, 21,

b)

Modellgebäudeverfahren nach § 31,

c)

Verfahren nach § 32 oder

d)

Vereinfachungen nach § 50 Absatz 4,

5.

bei einem Wohngebäude: der Endenergiebedarf für Wärme,

6.

bei einem Wohngebäude: Vergleichswerte für Endenergie,

7.

bei einem Nichtwohngebäude: der Endenergiebedarf für Wärme und der Endenergiebedarf für Strom,

8.

bei einem Nichtwohngebäude: Gebäudezonen mit jeweiliger Nettogrundfläche und deren Anteil an der gesamten Nettogrundfläche,

9.

bei einem Nichtwohngebäude: Aufteilung des jährlichen Endenergiebedarfs auf Heizung, Warmwasser, eingebaute Beleuchtung, Lüftung, Kühlung einschließlich Befeuchtung.

(3) Ein Energieverbrauchsausweis im Sinne des § 82 muss zusätzlich zu den Angaben nach Absatz 1 mindestens folgende Angaben enthalten:

1.

bei einem Wohngebäude: Endenergie- und Primärenergieverbrauch des Gebäudes für Heizung und Warmwasser entsprechend den Berechnungen nach § 82 Absatz 1, 2 Satz 1 und Absatz 3 in Kilowattstunden pro Jahr und Quadratmeter Gebäudenutzfläche und nach Maßgabe von Absatz 6 die sich aus dem Primärenergieverbrauch ergebenden Treibhausgasemissionen, ausgewiesen als äquivalente Kohlendioxidemissionen, in Kilogramm pro Jahr und Quadratmeter Gebäudenutzfläche,

2.

bei einem Nichtwohngebäude: Endenergieverbrauch des Gebäudes für Wärme und Endenergieverbrauch für den zur Heizung, Warmwasserbereitung, Kühlung und zur Lüftung und für die eingebaute Beleuchtung eingesetzten Strom sowie Primärenergieverbrauch entsprechend den Berechnungen nach § 82 Absatz 1, 2 Satz 5 und Absatz 3 in Kilowattstunden pro Jahr und Quadratmeter Nettogrundfläche und nach Maßgabe von Absatz 6 die sich aus dem Primärenergieverbrauch ergebenden Treibhausgasemissionen, ausgewiesen als äquivalente Kohlendioxidemissionen, in Kilogramm pro Jahr und Quadratmeter Nettogrundfläche des Gebäudes,

3.

Daten zur Verbrauchserfassung, einschließlich Angaben zu Leerständen,

4.

bei einem Nichtwohngebäude: Gebäudenutzung,

5.

bei einem Wohngebäude: Vergleichswerte für Endenergie,

6.

bei einem Nichtwohngebäude: Vergleichswerte für den Energieverbrauch, die jeweils vom Bundesministerium für Wirtschaft und Energie gemeinsam mit dem Bundesministerium des Innern, für Bau und Heimat im Bundesanzeiger bekannt gemacht worden sind.

(4) Modernisierungsempfehlungen nach § 84 sind Bestandteil der Energieausweise.

(5) Ein Energieausweis ist vom Aussteller unter Angabe seines Namens, seiner Anschrift und Berufsbezeichnung sowie des Ausstellungsdatums eigenhändig oder durch Nachbildung der Unterschrift zu unterschreiben.

(6) Zur Ermittlung der Treibhausgasemissionen für die nach Absatz 2 Nummer 1 und 2 sowie nach Absatz 3 Nummer 1 und 2 zu machenden Angaben sind die Berechnungsregelungen und Emissionsfaktoren der Anlage 9 anzuwenden.

(7) Vor Übergabe des neu ausgestellten Energieausweises an den Eigentümer hat der Aussteller die nach § 98 Absatz 2 zugeteilte Registriernummer einzutragen.

(8) Das Bundesministerium für Wirtschaft und Energie erstellt gemeinsam mit dem Bundesministerium des Innern, für Bau und Heimat Muster zu den Energiebedarfs- und den Energieverbrauchsausweisen, nach denen Energieausweise auszustellen sind, sowie Muster für den Aushang von Energieausweisen nach § 80 Absatz 6 und 7 und macht diese im Bundesanzeiger bekannt.

§ 86 Energieeffizienzklasse eines Wohngebäudes

(1) Im Energieausweis ist die Energieeffizienzklasse des Wohngebäudes entsprechend der Einteilung nach Absatz 2 in Verbindung mit Anlage 10 anzugeben.

(2) Die Energieeffizienzklassen gemäß Anlage 10 ergeben sich unmittelbar aus dem Endenergieverbrauch oder Endenergiebedarf.

§ 87 Pflichtangaben in einer Immobilienanzeige

(1) Wird vor dem Verkauf, der Vermietung, der Verpachtung oder dem Leasing eines Gebäudes, einer Wohnung oder einer sonstigen selbständigen Nutzungseinheit eine Immobilienanzeige in kommerziellen Medien aufgegeben und liegt zu diesem Zeitpunkt ein Energieausweis vor, so hat der Verkäufer, der Vermieter, der Verpächter, der Leasinggeber oder der Immobilienmakler, wenn eine dieser Personen die Veröffentlichung der Immobilienanzeige verantwortet, sicherzustellen, dass die Immobilienanzeige folgende Pflichtangaben enthält:

1.

die Art des Energieausweises: Energiebedarfsausweis im Sinne von § 81 oder Energieverbrauchsausweis im

Sinne von § 82,

2. den im Energieausweis genannten Wert des Endenergiebedarfs oder des Endenergieverbrauchs für das Gebäude,

3. die im Energieausweis genannten wesentlichen Energieträger für die Heizung des Gebäudes,

4. bei einem Wohngebäude das im Energieausweis genannte Baujahr und

5. bei einem Wohngebäude die im Energieausweis genannte Energieeffizienzklasse.

(2) Bei einem Nichtwohngebäude ist bei einem Energiebedarfsausweis und bei einem Energieverbrauchsausweis als Pflichtangabe nach Absatz 1 Nummer 2 der Endenergiebedarf oder Endenergieverbrauch sowohl für Wärme als auch für Strom jeweils getrennt aufzuführen.

(3) Bei Energieausweisen, die nach dem 30. September 2007 und vor dem 1. Mai 2014 ausgestellt worden sind, und bei Energieausweisen nach § 112 Absatz 2 sind die Pflichten der Absätze 1 und 2 nach Maßgabe des § 112 Absatz 3 und 4 zu erfüllen.

§ 88 Ausstellungsberechtigung für Energieausweise

(1) Zur Ausstellung eines Energieausweises ist nur eine Person berechtigt,

1. die nach bauordnungsrechtlichen Vorschriften der Länder zur Unterzeichnung von bautechnischen Nachweisen des Wärmeschutzes oder der Energieeinsparung bei der Errichtung von Gebäuden berechtigt ist, im Rahmen der jeweiligen Nachweisberechtigung,

2. die eine der in Absatz 2 genannten Voraussetzungen erfüllt und einen berufsqualifizierenden Hochschulabschluss erworben hat

   a) in einer der Fachrichtungen Architektur, Innenarchitektur, Hochbau, Bauingenieurwesen, Technische Gebäudeausrüstung, Physik, Bauphysik, Maschinenbau oder Elektrotechnik oder

   b) in einer anderen technischen oder naturwissenschaftlichen Fachrichtung mit einem Ausbildungsschwerpunkt auf einem unter Buchstabe a genannten Gebiet,

3. die eine der in Absatz 2 genannten Voraussetzungen erfüllt und

   a) für ein zulassungspflichtiges Bau-, Ausbau- oder anlagentechnisches Gewerbe oder für das Schornsteinfegerhandwerk die Voraussetzungen zur Eintragung in die Handwerksrolle erfüllt,

   b) für ein zulassungsfreies Handwerk in einem der Bereiche nach Buchstabe a einen Meistertitel erworben hat oder

   c) auf Grund ihrer Ausbildung berechtigt ist, ein zulassungspflichtiges Handwerk in einem der Bereiche nach Buchstabe a ohne Meistertitel selbständig auszuüben, oder

4. die eine der in Absatz 2 genannten Voraussetzungen erfüllt und staatlich anerkannter oder geprüfter Techniker ist, dessen Ausbildungsschwerpunkt auch die Beurteilung der Gebäudehülle, die Beurteilung von Heizungs- und Warmwasserbereitungsanlagen oder die Beurteilung von Lüftungs- und Klimaanlagen umfasst.

(2) Voraussetzung für die Ausstellungsberechtigung nach Absatz 1 Nummer 2 bis 4 ist

1. während des Studiums ein Ausbildungsschwerpunkt im Bereich des energiesparenden Bauens oder nach einem Studium ohne einen solchen Schwerpunkt eine mindestens zweijährige Berufserfahrung in wesentlichen bau- oder anlagentechnischen Tätigkeitsbereichen des Hochbaus,

2. eine erfolgreiche Schulung im Bereich des energiesparenden Bauens, die den wesentlichen Inhalten der Anlage 11 entspricht, oder

3. eine öffentliche Bestellung als vereidigter Sachverständiger für ein Sachgebiet im Bereich des energiesparenden Bauens oder in wesentlichen bau- oder anlagentechnischen Tätigkeitsbereichen des Hochbaus.

(3) Wurde der Inhalt der Schulung nach Absatz 2 Nummer 2 auf Wohngebäude beschränkt, so ist der erfolgreiche Teilnehmer der Schulung nur berechtigt, Energieausweise für Wohngebäude auszustellen.
(4) § 77 Absatz 3 ist auf Aus- oder Fortbildungen im Sinne des Absatzes 1 Nummer 2 bis 4 entsprechend anzuwenden.

Teil 6
Finanzielle Förderung der Nutzung erneuerbarer Energien für die Erzeugung von Wärme oder Kälte und von Energieeffizienzmaßnahmen

§ 89 Fördermittel

Die Nutzung erneuerbarer Energien für die Erzeugung von Wärme oder Kälte, die Errichtung besonders energieeffizienter und die Verbesserung der Energieeffizienz bestehender Gebäude können durch den Bund nach Maßgabe des Bundeshaushaltes gefördert werden. Gefördert werden können

1. Maßnahmen zur Nutzung erneuerbarer Energien für die Erzeugung von Wärme oder Kälte in bereits bestehenden Gebäuden nach Maßgabe des § 90,

2. Maßnahmen zur Nutzung erneuerbarer Energien für die Erzeugung von Wärme oder Kälte in neu zu errichtenden Gebäuden nach Maßgabe des § 90, wenn die Vorgaben des § 91 eingehalten werden,

3. Maßnahmen zur Errichtung besonders energieeffizienter Gebäude, wenn mit der geförderten Maßnahme die Anforderungen nach den §§ 15 und 16 sowie nach den §§ 18 und 19 übererfüllt werden, und

4. Maßnahmen zur Verbesserung der Energieeffizienz bei der Sanierung bestehender Gebäude, wenn mit der geförderten Maßnahme die Anforderungen nach den §§ 47 und 48 sowie § 50 und nach den §§ 61 bis 73 übererfüllt werden.

Einzelheiten werden insbesondere durch Verwaltungsvorschriften des Bundesministeriums für Wirtschaft und Energie im Einvernehmen mit dem Bundesministerium der Finanzen geregelt.

§ 90 Geförderte Maßnahmen zur Nutzung erneuerbarer Energien

(1) Gefördert werden können Maßnahmen im Zusammenhang mit der Nutzung erneuerbarer Energien zur Bereitstellung von Wärme oder Kälte, insbesondere die Errichtung oder Erweiterung von

1. solarthermischen Anlagen,

2. Anlagen zur Nutzung von Biomasse,

3.

Anlagen zur Nutzung von Geothermie und Umweltwärme sowie

4.

Wärmenetzen, Speichern und Übergabestationen für Wärmenutzer, wenn sie auch aus Anlagen nach den Nummern 1 bis 3 gespeist werden.

(2) Vorbehaltlich weitergehender Anforderungen an die Förderung in den Regelungen nach § 89 Satz 3 ist

1.

eine solarthermische Anlage mit Flüssigkeiten als Wärmeträger nur förderfähig, wenn die darin enthaltenen Kollektoren oder das System mit dem europäischen Prüfzeichen „Solar Keymark" zertifiziert sind oder ist,

2.

eine Anlage zur Nutzung von fester Biomasse nur förderfähig, wenn der Umwandlungswirkungsgrad mindestens folgende Werte erreicht:

a)

89 Prozent bei einer Anlage zur Heizung oder Warmwasserbereitung, die der Erfüllung der Anforderung nach § 10 Absatz 2 Nummer 3 oder der Pflicht nach § 52 Absatz 1 dient,

b)

70 Prozent bei einer Anlage, die nicht der Heizung oder Warmwasserbereitung dient,

3.

eine Wärmepumpe zur Nutzung von Geothermie, Umweltwärme oder Abwärme nur förderfähig, wenn sie die Anforderungen der Richtlinie 2009/28/EG erfüllt.

Die Zertifizierung von einer solarthermischen Anlage mit dem europäischen Prüfzeichen „Solar Keymark" muss nach den anerkannten Regeln der Technik erfolgen. Der Umwandlungswirkungsgrad eines Biomassekessels ist der nach DIN EN 303-5: 2012-10 ermittelte Kesselwirkungsgrad, der Umwandlungswirkungsgrad eines Biomasseofens der nach DIN EN 14785: 2006-09 ermittelte feuerungstechnische Wirkungsgrad und in den übrigen Fällen des Satzes 1 Nummer 2 der nach den anerkannten Regeln der Technik berechnete Wirkungsgrad.

§ 91 Verhältnis zu den Anforderungen an ein Gebäude

(1) Maßnahmen können nicht gefördert werden, soweit sie der Erfüllung der Anforderungen nach § 10 Absatz 2, der Pflicht nach § 52 Absatz 1 oder einer landesrechtlichen Pflicht nach § 56 dienen.

(2) Absatz 1 ist nicht bei den folgenden Maßnahmen anzuwenden:

1.

der Errichtung eines Wohngebäudes, bei dem Anforderungen eingehalten werden, die anspruchsvoller sind als die für die Errichtung eines Wohngebäudes jeweils geltenden Neubauanforderungen nach diesem Gesetz, sofern die Maßnahme nicht unter die Nummern 3 bis 7 fällt,

2.

der Errichtung eines Nichtwohngebäudes, bei dem Anforderungen eingehalten werden, die anspruchsvoller sind als die für Nichtwohngebäude jeweils geltenden Neubauanforderungen nach diesem Gesetz, sofern die Maßnahme nicht unter die Nummern 3 bis 7 fällt,

3.

Maßnahmen, die technische oder sonstige Anforderungen erfüllen, die

a)

im Falle des § 10 Absatz 2 Nummer 3 anspruchsvoller als die Anforderungen nach den §§ 35 bis 41 oder

b)

im Falle des § 56 anspruchsvoller als die Anforderungen nach der landesrechtlichen Pflicht sind,

4.

Maßnahmen, die den Wärme- und Kälteenergiebedarf zu einem Anteil decken, der

a)

im Falle des § 10 Absatz 2 Nummer 3 oder des § 52 Absatz 1 um 50 Prozent höher als der Mindestanteil nach den §§ 35 bis 41 oder dem § 52 Absatz 3 und 4 ist oder

b)

im Falle des § 56 höher als der landesrechtlich vorgeschriebene Mindestanteil ist,

5.

Maßnahmen, die mit weiteren Maßnahmen zur Steigerung der Energieeffizienz verbunden werden,

6.

Maßnahmen zur Nutzung solarthermischer Anlagen auch für die Heizung eines Gebäudes und

7.

Maßnahmen zur Nutzung von Tiefengeothermie.

(3) Die Förderung kann in den Fällen des Absatzes 2 auf die Gesamtmaßnahme bezogen werden.

(4) Einzelheiten werden in den Regelungen nach § 89 Satz 3 geregelt.

(5) Fördermaßnahmen durch das Land oder durch ein Kreditinstitut, an dem der Bund oder das Land beteiligt sind, bleiben unberührt.

Teil 7
Vollzug

§ 92 Erfüllungserklärung

(1) Für ein zu errichtendes Gebäude hat der Bauherr oder Eigentümer der nach Landesrecht zuständigen Behörde durch eine Erfüllungserklärung nachzuweisen oder zu bescheinigen, dass die Anforderungen dieses Gesetzes eingehalten werden. Die Erfüllungserklärung ist nach Fertigstellung des Gebäudes vorzulegen, soweit das Landesrecht nicht einen anderen Zeitpunkt der Vorlage bestimmt. Das Landesrecht bestimmt, wer zur Ausstellung der Erfüllungserklärung berechtigt ist.

(2) Werden bei einem bestehenden Gebäude Änderungen im Sinne des § 48 Satz 1 ausgeführt, hat der Eigentümer der nach Landesrecht zuständigen Behörde eine Erfüllungserklärung unter Zugrundelegung der energetischen Eigenschaften des geänderten Gebäudes abzugeben, wenn unter Anwendung des § 50 Absatz 1 und 2 für das gesamte Gebäude Berechnungen nach § 50 Absatz 3 durchgeführt werden. Die Pflicht nach Satz 1 besteht auch in den Fällen des § 51. Absatz 1 Satz 2 und 3 ist entsprechend anzuwenden.

§ 93 Pflichtangaben in der Erfüllungserklärung

In der Erfüllungserklärung sind für das gesamte Gebäude oder, soweit die Berechnungen für unterschiedliche Zonen zu erfolgen haben, stattdessen für jede Zone, unter Beachtung der sich aus diesem Gesetz ergebenden Berechnungsvorgaben, technischen Anforderungen und Randbedingungen die zur Überprüfung erforderlichen Angaben zu machen. Erforderliche Berechnungen sind beizufügen. Das Landesrecht bestimmt den näheren Umfang der Nachweispflicht.

§ 94 Verordnungsermächtigung

Die Landesregierungen werden ermächtigt, durch Rechtsverordnung das Verfahren zur Erfüllungserklärung, die Berechtigung zur Ausstellung der Erfüllungserklärung, die Pflichtangaben in der Erfüllungserklärung und die vorzulegenden Nachweise zu regeln, einen von § 92 Absatz 1 Satz 2 abweichenden Zeitpunkt für die Vorlage der Erfüllungserklärung zu bestimmen und weitere Bestimmungen zum Vollzug der Anforderungen und Pflichten dieses Gesetzes zu treffen. Die Landesregierungen werden ferner ermächtigt, durch Rechtsverordnung zu bestimmen, dass Aufgaben des Vollzugs dieses Gesetzes abweichend von § 92 Absatz 1 Satz 1 und Absatz 2 Satz 1 einer geeigneten Stelle, einer Fachvereinigung oder einem Sachverständigen übertragen werden. Die Landesregierungen können die Ermächtigungen nach den Sätzen 1 und 2 durch Rechtsverordnung auf andere Behörden übertragen.

§ 95 Behördliche Befugnisse

Die zuständige Behörde kann im Einzelfall die zur Erfüllung der Verpflichtungen aus diesem Gesetz erforderlichen Anordnungen treffen. Dritte, die für den Bauherren oder Eigentümer an der Planung, Errichtung oder Änderung von Gebäuden oder technischen Anlagen eines Gebäudes beteiligt sind, haben Anordnungen der Behörde, die sich auch an sie richten, unmittelbar zu befolgen.

§ 96 Private Nachweise

(1) Wer geschäftsmäßig an oder in einem bestehenden Gebäude Arbeiten durchführt, hat dem Eigentümer unverzüglich nach Abschluss der Arbeiten in folgenden Fällen schriftlich zu bestätigen, dass die von ihm geänderten oder eingebauten Bau- oder Anlagenteile den Anforderungen der in den Nummern 1 bis 8 genannten Vorschriften entsprechen (Unternehmererklärung):

1. Änderung von Außenbauteilen im Sinne von § 48,
2. Dämmung oberster Geschossdecken im Sinne von § 47 Absatz 1, auch in Verbindung mit Absatz 3,
3. Einbau von Zentralheizungen nach den §§ 61 bis 63,
4. Ausstattung von Zentralheizungen mit Regelungseinrichtungen nach den §§ 61 bis 63,
5. Einbau von Umwälzpumpen in Zentralheizungen und Zirkulationspumpen in Warmwasseranlagen nach § 64,
6. erstmaliger Einbau, Ersatz oder Wärmedämmung von Wärmeverteilungs- und Warmwasserleitungen nach den §§ 69 und 71 oder von Kälteverteilungs- und Kaltwasserleitungen in Klimaanlagen oder sonstigen Anlagen der Raumlufttechnik nach § 70,
7. Einbau von Klima- und raumlufttechnischen Anlagen oder Zentralgeräten und Luftkanalsystemen solcher Anlagen nach den §§ 65 bis 68 oder
8. Ausrüstung von Anlagen nach Nummer 7 mit Einrichtung zur Feuchteregelung nach § 66.

(2) Zum Zwecke des Nachweises der Erfüllung der Pflichten aus den in Absatz 1 genannten Vorschriften ist die Unternehmererklärung von dem Eigentümer mindestens zehn Jahre aufzubewahren. Der Eigentümer hat die Unternehmererklärung der nach Landesrecht zuständigen Behörde auf Verlangen vorzulegen.

(3) In einer Unternehmererklärung nach Absatz 1 ist zusätzlich anzugeben:

1. im Falle von Arbeiten nach Absatz 1 Nummer 3 die Aufwandszahl der Zentralheizung für die Bereitstellung von Raumwärme und, soweit die Zentralheizung mit einer zentralen Warmwasserbereitung verbunden ist, auch die Aufwandszahl für die Warmwasserbereitung,
2. im Falle von Arbeiten nach Absatz 1 Nummer 7 der gewichtete Mittelwert der auf das jeweilige Fördervolumen bezogenen elektrischen Leistung aller Zu- und Abluftventilatoren sowie der Wärmerückgewinnungsgrad, soweit Anforderungen nach § 68 einzuhalten sind.

Die nach Satz 1 anzugebenden Eigenschaften können nach anerkannten technischen Regeln berechnet werden oder aus Herstellerangaben auf der Grundlage solcher Regeln bestimmt werden; alternativ dürfen Angaben aus Bekanntmachungen nach § 50 Absatz 4 verwendet werden. Die jeweilige Grundlage nach Satz 2 ist ebenfalls in der Unternehmererklärung anzugeben.

(4) Wer Gebäude geschäftsmäßig mit fester, gasförmiger oder flüssiger Biomasse zum Zweck der Erfüllung von Anforderungen nach diesem Gesetz beliefert, muss dem Eigentümer des Gebäudes mit der Abrechnung bestätigen, dass

1. im Falle der Nutzung von Biomethan die Anforderungen nach § 40 Absatz 3 erfüllt sind,

2. im Falle der Nutzung von biogenem Flüssiggas die Anforderungen nach § 40 Absatz 4 erfüllt sind,

3. im Falle der Nutzung von flüssiger Biomasse nach § 39 die Brennstoffe die Anforderungen an einen nachhaltigen Anbau und eine nachhaltige Herstellung nach der Biomassestrom-Nachhaltigkeitsverordnung in der jeweils geltenden Fassung erfüllen oder

4. es sich im Falle der Nutzung von fester Biomasse nach § 38 um Brennstoffe nach § 3 Absatz 1 Nummer 4, 5, 5a oder 8 der Verordnung über kleine und mittlere Feuerungsanlagen handelt.

(5) Mit den Bestätigungen nach Absatz 4 wird die Erfüllung der Pflichten aus den Vorschriften nach den §§ 38 bis 40 nachgewiesen. In den Fällen des Absatzes 4 Nummer 1 bis 3 sind die Abrechnungen und Bestätigungen in den ersten 15 Jahren nach Inbetriebnahme der Heizungsanlage von dem Eigentümer jeweils mindestens fünf Jahre nach Lieferung aufzubewahren. Der Eigentümer hat die Abrechnungen und Bestätigungen der nach Landesrecht zuständigen Behörde auf Verlangen vorzulegen.

(6) Kommt bei der Ermittlung des Jahres-Primärenergiebedarfs eines zu errichtenden Gebäudes § 22 Absatz 1 Satz 1 Nummer 2 oder Nummer 3 zur Anwendung, muss sich der Eigentümer vom Lieferanten bei Vertragsabschluss bescheinigen lassen, dass

1. die vereinbarte Biomethanlieferung die Anforderungen nach § 22 Absatz 1 Satz 1 Nummer 2 Buchstabe c und d erfüllt oder

2. die vereinbarte Lieferung von biogenem Flüssiggas die Anforderungen nach § 22 Absatz 1 Satz 1 Nummer 3 Buchstabe c in der gesamten Laufzeit des Liefervertrags erfüllt.

Die Bescheinigung ist der zuständigen Behörde innerhalb von einem Monat nach Fertigstellung des Gebäudes vorzulegen. Die Pflicht nach Satz 2 besteht auch, wenn der Eigentümer den Lieferanten wechselt. Die Abrechnungen der Lieferung von Biomethan oder von biogenem Flüssiggas müssen die Bestätigung des Lieferanten enthalten, dass im Fall der Lieferung von Biomethan die Anforderungen nach § 22 Absatz 1 Satz 1 Nummer 2 Buchstabe c und d oder im Fall der Lieferung von biogenem Flüssiggas die Anforderungen nach § 22 Absatz 1 Satz 1 Nummer 3 Buchstabe c im Abrechnungszeitraum erfüllt worden sind. Die Abrechnungen sind vom Eigentümer mindestens fünf Jahre ab dem Zeitpunkt der Lieferung aufzubewahren.

§ 97 Aufgaben des bevollmächtigten Bezirksschornsteinfegers

(1) Bei einer heizungstechnischen Anlage prüft der bevollmächtigte Bezirksschornsteinfeger als Beliehener im Rahmen der Feuerstättenschau nach § 14 des Schornsteinfeger-Handwerksgesetzes vom 26. November 2008 (BGBl. I S. 2242), das zuletzt durch Artikel 57 Absatz 7 des Gesetzes vom 12. Dezember 2019 (BGBl. I S. 2652) geändert worden ist, ob

1. ein Heizkessel, der nach § 72 Absatz 1 bis 3, auch in Verbindung mit § 73, außer Betrieb genommen werden musste, weiterhin betrieben wird,

2. Wärmeverteilungs- und Warmwasserleitungen, die nach § 71, auch in Verbindung mit § 73, gedämmt werden mussten, weiterhin ungedämmt sind und

3. ein mit Heizöl beschickter Heizkessel entgegen § 72 Absatz 4 und 5 eingebaut ist.

(2) Bei einer heizungstechnischen Anlage, die in ein bestehendes Gebäude eingebaut wird, prüft der bevollmächtigte Bezirksschornsteinfeger im Rahmen der bauordnungsrechtlichen Abnahme der Anlage oder, wenn eine solche Abnahme nicht vorgesehen ist, als Beliehener im Rahmen der ersten Feuerstättenschau nach dem Einbau außerdem, ob

1. die Anforderungen nach § 57 Absatz 1 erfüllt sind,

2. eine Zentralheizung mit einer zentralen selbsttätig wirkenden Einrichtung zur Verringerung und Abschaltung der Wärmezufuhr sowie zur Ein- und Ausschaltung elektrischer Antriebe nach § 61 Absatz 1 ausgestattet ist,

3. eine Umwälzpumpe in einer Zentralheizung mit einer Vorrichtung zur selbsttätigen Anpassung der elektrischen Leistungsaufnahme nach § 64 Absatz 1 ausgestattet ist und

4. bei Wärmeverteilungs- und Warmwasserleitungen sowie Armaturen die Wärmeabgabe nach § 69 begrenzt ist.

(3) Der bevollmächtigte Bezirksschornsteinfeger weist den Eigentümer bei Nichterfüllung der Pflichten oder bei Nichtbeachtung eines Verbots aus den in den Absätzen 1 und 2 genannten Vorschriften schriftlich auf diese Pflichten oder Verbote hin und setzt eine angemessene Frist zu deren Nacherfüllung oder zur Beseitigung eines verbotswidrigen Zustands. Werden die Pflichten nicht innerhalb der festgesetzten Frist erfüllt oder wird ein verbotswidriger Zustand nicht beseitigt, unterrichtet der bevollmächtigte Bezirksschornsteinfeger unverzüglich die nach Landesrecht zuständige Behörde.

(4) Bei einer Zentralheizung, die in einem bestehenden Gebäude vorhanden ist, prüft der bevollmächtigte Bezirksschornsteinfeger als Beliehener im Rahmen der Feuerstättenschau, ob der Eigentümer zur Nachrüstung nach § 61 Absatz 2 verpflichtet ist und diese Pflicht erfüllt wurde. Bei Nichterfüllung der Pflicht unterrichtet der bevollmächtigte Bezirksschornsteinfeger unverzüglich die nach Landesrecht zuständige Behörde.

(5) Die Erfüllung der Pflichten aus den in den Absätzen 1, 2 und 4 genannten Vorschriften kann durch Vorlage der Unternehmererklärungen gegenüber dem bevollmächtigten Bezirksschornsteinfeger nachgewiesen werden. Es bedarf dann keiner weiteren Prüfung durch den bevollmächtigten Bezirksschornsteinfeger.

§ 98 Registriernummer

(1) Wer einen Inspektionsbericht nach § 78 oder einen Energieausweis nach § 79 ausstellt, hat für diesen Bericht oder für diesen Energieausweis bei der Registrierstelle eine Registriernummer zu beantragen. Der Antrag ist grundsätzlich elektronisch zu stellen. Eine Antragstellung in Papierform ist zulässig, soweit die elektronische Antragstellung für den Antragsteller eine unbillige Härte bedeuten würde. Bei der Antragstellung sind Name und Anschrift der nach Satz 1 antragstellenden Person, das Land und die Postleitzahl der Belegenheit des Gebäudes, das Ausstellungsdatum des Inspektionsberichts oder des Energieausweises anzugeben sowie

1. in den Fällen des § 78 die Nennleistung der inspizierten Klimaanlage oder der kombinierten Klima- und Lüftungsanlage,

2. in den Fällen des § 79

   a) die Art des Energieausweises: Energiebedarfs- oder Energieverbrauchsausweis und

   b) die Art des Gebäudes: Wohn- oder Nichtwohngebäude, Neubau oder bestehendes Gebäude.

(2) Die Registrierstelle teilt dem Antragsteller für jeden neu ausgestellten Inspektionsbericht oder Energieausweis eine Registriernummer zu. Die Registriernummer ist unverzüglich nach Antragstellung zu erteilen.

§ 99 Stichprobenkontrollen von Energieausweisen und Inspektionsberichten über Klimaanlagen

(1) Die zuständige Behörde (Kontrollstelle) unterzieht Inspektionsberichte über Klimaanlagen oder über kombinierte Klima- und Lüftungsanlagen nach § 78 und Energieausweise nach § 79 nach Maßgabe der folgenden Absätze einer Stichprobenkontrolle.

(2) Die Stichproben müssen jeweils einen statistisch signifikanten Prozentanteil aller in einem Kalenderjahr neu ausgestellten Energieausweise und neu ausgestellten Inspektionsberichte über Klimaanlagen erfassen. Die Stichprobenkontrolle von Energieausweisen, die nach dem Inkrafttreten des Gesetzes bis zum 31. Juli 2021 ausgestellt werden und auf die die Vorschriften dieses Gesetzes anzuwenden sind, kann nach dem 31. Juli 2021 durchgeführt werden.

(3) Die Kontrollstelle kann bei der Registrierstelle Registriernummern und dort vorliegende Angaben nach § 98 Absatz 1 zu neu ausgestellten Energieausweisen und Inspektionsberichten über im jeweiligen Land belegene Gebäude und Klimaanlagen verarbeiten, soweit dies für die Vorbereitung der Durchführung der Stichprobenkontrollen erforderlich ist. Nach dem Abschluss der Stichprobenkontrolle hat die Kontrollstelle die Daten nach Satz 1 jedenfalls im Einzelfall unverzüglich zu löschen. Kommt es auf Grund der Stichprobenkontrolle zur Einleitung eines Bußgeldverfahrens gegen den Ausweisaussteller nach § 108 Absatz 1 Nummer 15, 17 oder 21 oder gegen die inspizierende Person nach § 108 Absatz 1 Nummer 11 oder 21, so sind abweichend von Satz 2 die Daten nach Satz 1, soweit diese im Rahmen des Bußgeldverfahrens erforderlich sind, erst nach dessen rechtskräftigem Abschluss unverzüglich zu löschen.

(4) Die gezogene Stichprobe von Energieausweisen wird von der Kontrollstelle auf der Grundlage der nachstehenden Optionen oder gleichwertiger Maßnahmen überprüft:

1. Validitätsprüfung der Eingabe-Gebäudedaten, die zur Ausstellung des Energieausweises verwendet wurden, und der im Energieausweis angegebenen Ergebnisse,
2. Prüfung der Eingabe-Gebäudedaten und Überprüfung der im Energieausweis angegebenen Ergebnisse einschließlich der abgegebenen Modernisierungsempfehlungen,
3. vollständige Prüfung der Eingabe-Gebäudedaten, die zur Ausstellung des Energieausweises verwendet wurden, vollständige Überprüfung der im Energieausweis angegebenen Ergebnisse einschließlich der abgegebenen Modernisierungsempfehlungen und, falls dies insbesondere auf Grund des Einverständnisses des Eigentümers des Gebäudes möglich ist, Inaugenscheinnahme des Gebäudes zur Prüfung der Übereinstimmung zwischen den im Energieausweis angegebenen Spezifikationen mit dem Gebäude, für das der Energieausweis erstellt wurde.

Wird im Rahmen der Stichprobe ein Energieausweis gezogen, der bereits auf der Grundlage von Landesrecht einer zumindest gleichwertigen Überprüfung unterzogen wurde, und ist die Überprüfung einer der Optionen nach Satz 1 gleichwertig, findet insofern keine erneute Überprüfung statt.

(5) Aussteller von Energieausweisen sind verpflichtet, Kopien der von ihnen ausgestellten Energieausweise und der zu deren Ausstellung verwendeten Daten und Unterlagen zwei Jahre ab dem Ausstellungsdatum des jeweiligen Energieausweises aufzubewahren, um die Durchführung von Stichprobenkontrollen und Bußgeldverfahren zu ermöglichen.

(6) Die Kontrollstelle kann zur Durchführung der Überprüfung nach Absatz 4 Satz 1 in Verbindung mit Absatz 1 vom jeweiligen Aussteller die Übermittlung einer Kopie des Energieausweises und die zu dessen Ausstellung verwendeten Daten und Unterlagen verlangen. Der Aussteller ist verpflichtet, dem Verlangen der Kontrollbehörde zu entsprechen. Der Energieausweis sowie die Daten und Unterlagen sind der Kontrollstelle grundsätzlich in elektronischer Form zu übermitteln. Die Kontrollstelle darf hierfür ein Datenformat vorgeben. Eine Übermittlung in Papierform ist zulässig, soweit die elektronische Übermittlung für den Antragsteller eine unbillige Härte bedeuten würde. Angaben zum Eigentümer und zur Adresse des Gebäudes darf die Kontrollstelle nur verlangen, soweit dies zur Durchführung der Überprüfung im Einzelfall erforderlich ist. Werden die in Satz 6 genannten Angaben von der Kontrollstelle nicht verlangt, hat der Aussteller Angaben zum Eigentümer und zur Adresse des Gebäudes in der Kopie des Energieausweises sowie in den zu dessen Ausstellung verwendeten Daten und Unterlagen vor der Übermittlung unkenntlich zu machen. Im Fall der Übermittlung von Angaben nach Satz 6 in Verbindung mit Satz 2 hat der Aussteller des Energieausweises den Eigentümer des Gebäudes hierüber unverzüglich zu informieren.

(7) Die vom Aussteller nach Absatz 6 übermittelten Kopien von Energieausweisen, Daten und Unterlagen dürfen, soweit sie

personenbezogene Daten enthalten, von der Kontrollstelle nur für die Durchführung der Stichprobenkontrollen und hieraus resultierender Bußgeldverfahren gegen den Ausweisaussteller nach § 108 Absatz 1 Nummer 15, 17 oder 21 verarbeitet werden, soweit dies im Einzelfall jeweils erforderlich ist. Die in Satz 1 genannten Kopien, Daten und Unterlagen dürfen nur so lange gespeichert oder aufbewahrt werden, wie dies zur Durchführung der Stichprobenkontrollen und der Bußgeldverfahren im Einzelfall erforderlich ist. Sie sind nach Durchführung der Stichprobenkontrollen und bei Einleitung von Bußgeldverfahren nach deren rechtskräftigem Abschluss jeweils im Einzelfall unverzüglich zu löschen oder zu vernichten. Im Übrigen bleiben die Verordnung (EU) 2016/679, das Bundesdatenschutzgesetz und die Datenschutzgesetze der Länder in der jeweils geltenden Fassung unberührt.

(8) Die Absätze 5 bis 7 sind auf die Durchführung der Stichprobenkontrolle von Inspektionsberichten über Klimaanlagen entsprechend anzuwenden.

§ 100 Nicht personenbezogene Auswertung von Daten

(1) Die Kontrollstelle kann den nicht personenbezogenen Anteil der Daten, die sie im Rahmen des § 99 Absatz 3 Satz 1, Absatz 4, 6 Satz 1 bis 5 und Absatz 8 verarbeitet hat, unbefristet zur Verbesserung der Erfüllung von Aufgaben der Energieeinsparung auswerten.

(2) Die Auswertung kann sich bei Energieausweisen insbesondere auf folgende Merkmale beziehen:

1. Art des Energieausweises: Energiebedarfs- oder Energieverbrauchsausweis,
2. Anlass der Ausstellung des Energieausweises nach § 80 Absatz 1 bis 6,
3. Art des Gebäudes: Wohn- oder Nichtwohngebäude, Neubau oder bestehendes Gebäude,
4. Gebäudeeigenschaften, wie die Eigenschaften der wärmeübertragendenden Umfassungsfläche und die Art der heizungs-, kühl- und raumlufttechnischen Anlagentechnik sowie der Warmwasserversorgung, bei Nichtwohngebäuden auch die Art der Nutzung und die Zonierung,
5. Werte des Endenergiebedarfs oder -verbrauchs sowie des Primärenergiebedarfs oder -verbrauchs für das Gebäude,
6. wesentliche Energieträger für Heizung und Warmwasser,
7. Einsatz erneuerbarer Energien und
8. Land und Landkreis der Belegenheit des Gebäudes ohne Angabe des Ortes, der Straße und der Hausnummer.

(3) Die Auswertung kann sich bei Inspektionsberichten über Klimaanlagen insbesondere auf folgende Merkmale beziehen:

1. Nennleistung der inspizierten Klimaanlage,
2. Art des Gebäudes: Wohn- oder Nichtwohngebäude und
3. Land und Landkreis der Belegenheit des Gebäudes, ohne Angabe des Ortes, der Straße und der Hausnummer.

§ 101 Verordnungsermächtigung; Erfahrungsberichte der Länder

(1) Die Landesregierungen werden ermächtigt, zu den in § 78 und in den §§ 98 bis 100 getroffenen Regelungen zur Erfassung und Kontrolle von Inspektionsberichten und Energieausweisen sowie zur nicht personenbezogenen Auswertung

der hierbei erhobenen und gespeicherten Daten durch Rechtsverordnung Regelungen zu erlassen

1. zur Art der Durchführung der Erfassung und Kontrolle von Inspektionsberichten und Energieausweisen sowie zur nicht personenbezogenen Auswertung der hierbei erhobenen und gespeicherten Daten, die über die Vorgaben der in § 78 und in den §§ 98 bis 100 getroffenen Regelungen hinausgehen, sowie

2. zum Verfahren, die auch von den in § 78 und in den §§ 98 bis 100 getroffenen Regelungen abweichen können.

(2) Die Landesregierungen werden ermächtigt, durch Rechtsverordnung die Übertragung von Aufgaben zur Erfassung und Kontrolle von Inspektionsberichten und Energieausweisen sowie zur nicht personenbezogenen Auswertung der hierbei erhobenen und gespeicherten Daten, die in § 78 und in den §§ 98 bis 100 und in einer Rechtsverordnung nach Absatz 1 geregelt sind, auf folgende Stellen zu regeln:

1. auf bestehende Behörden in den Ländern, auch auf bestehende Körperschaften oder Anstalten des öffentlichen Rechts, die der Aufsicht des jeweiligen Landes unterstehen, oder

2. auf Fachvereinigungen oder Sachverständige (Beleihung).

Bei der Übertragung im Wege der Beleihung können die Landesregierungen in der Rechtsverordnung nach Satz 1 Nummer 2 auch die Voraussetzungen und das Verfahren der Beleihung regeln; dabei muss sichergestellt werden, dass die Aufgaben von der beliehenen Stelle entsprechend den in § 78 und in den §§ 98 bis 100 getroffenen Regelungen und der Rechtsverordnung nach Absatz 1 wahrgenommen werden. Beliehene unterstehen der Aufsicht der jeweils zuständigen Behörde.

(3) Die Landesregierungen können die Ermächtigungen nach den Absätzen 1 und 2 Satz 1 und 2 durch Rechtsverordnung auf andere Behörden übertragen.

(4) Die Länder berichten der Bundesregierung erstmals zum 1. März 2024, danach alle drei Jahre, über die wesentlichen Erfahrungen mit den Stichprobenkontrollen nach § 99. Die Berichte dürfen keine personenbezogenen Daten enthalten.

§ 102 Befreiungen

(1) Die nach Landesrecht zuständigen Behörden haben auf Antrag des Eigentümers oder Bauherren von den Anforderungen dieses Gesetzes zu befreien, soweit

1. die Ziele dieses Gesetzes durch andere als in diesem Gesetz vorgesehene Maßnahmen im gleichen Umfang erreicht werden oder

2. die Anforderungen im Einzelfall wegen besonderer Umstände durch einen unangemessenen Aufwand oder in sonstiger Weise zu einer unbilligen Härte führen.

Eine unbillige Härte liegt insbesondere vor, wenn die erforderlichen Aufwendungen innerhalb der üblichen Nutzungsdauer, bei Anforderungen an bestehende Gebäude innerhalb angemessener Frist durch die eintretenden Einsparungen nicht erwirtschaftet werden können.

(2) Absatz 1 ist auf die Vorschriften von Teil 5 nicht anzuwenden.

(3) Die Erfüllung der Voraussetzungen nach Absatz 1 Satz 1 Nummer 1 hat der Eigentümer oder der Bauherr darzulegen und nachzuweisen. Die nach Landesrecht zuständige Behörde kann auf Kosten des Eigentümers oder Bauherrn die Vorlage einer Beurteilung der Erfüllung der Voraussetzungen nach Absatz 1 Satz 1 Nummer 1 durch qualifizierte Sachverständige verlangen.

(4) Bis zum 31. Dezember 2024 können die nach Landesrecht zuständigen Behörden auf Antrag die zulässige Nutzungsdauer von Gebäuden im Sinne des § 2 Absatz 2 Nummer 6 und des § 104 Satz 2 um weitere zwei Jahre verlängern, wenn ansonsten die Unterbringung von Geflüchteten durch die öffentliche Hand oder im öffentlichen Auftrag erheblich verzögert würde.

§ 103 Innovationsklausel

(1) Bis zum 31. Dezember 2023 können die nach Landesrecht zuständigen Behörden auf Antrag nach § 102 Absatz 1 Satz 1 Nummer 1

1.

von den Anforderungen des § 10 Absatz 2 befreien, wenn

a)

ein Wohngebäude so errichtet wird, dass die Treibhausgasemissionen des Gebäudes gleichwertig begrenzt werden und der Höchstwert des Jahres-Endenergiebedarfs für Heizung, Warmwasserbereitung, Lüftung und Kühlung das 0,55fache des auf die Gebäudenutzfläche bezogenen Wertes des Jahres-Endenergiebedarfs eines Referenzgebäudes, das die gleiche Geometrie, Gebäudenutzfläche und Ausrichtung wie das zu errichtende Gebäude aufweist und der technischen Referenzausführung der Anlage 1 entspricht, nicht überschreitet oder

b)

ein Nichtwohngebäude so errichtet wird, dass die Treibhausgasemissionen des Gebäudes gleichwertig begrenzt werden und der Höchstwert des Jahres-Endenergiebedarfs für Heizung, Warmwasserbereitung, Lüftung, Kühlung und eingebaute Beleuchtung das 0,55fache des auf die Nettogrundfläche bezogenen Wertes des Jahres-Endenergiebedarfs eines Referenzgebäudes, das die gleiche Geometrie, Nettogrundfläche, Ausrichtung und Nutzung, einschließlich der Anordnung der Nutzungseinheiten, wie das zu errichtende Gebäude aufweist und der technischen Referenzausführung der Anlage 2 entspricht, nicht überschreitet oder

2.

von den Anforderungen des § 50 Absatz 1 in Verbindung mit § 48 befreien, wenn

a)

ein Wohngebäude so geändert wird, dass die Treibhausgasemissionen des Gebäudes gleichwertig begrenzt werden und der Jahres-Endenergiebedarf für Heizung, Warmwasserbereitung, Lüftung und Kühlung das 1,4fache des auf die Gebäudenutzfläche bezogenen Wertes des Jahres-Endenergiebedarfs eines Referenzgebäudes, das die gleiche Geometrie, Gebäudenutzfläche und Ausrichtung wie das geänderte Gebäude aufweist und der technischen Referenzausführung der Anlage 1 entspricht, nicht überschreitet oder

b)

ein Nichtwohngebäude so geändert wird, dass die Treibhausgasemissionen des Gebäudes gleichwertig begrenzt werden und der Jahres-Endenergiebedarf für Heizung, Warmwasserbereitung, Lüftung, Kühlung und eingebaute Beleuchtung das 1,4fache des auf die Nettogrundfläche bezogenen Wertes des Jahres-Endenergiebedarfs eines Referenzgebäudes, das die gleiche Geometrie, Nettogrundfläche, Ausrichtung und Nutzung, einschließlich der Anordnung der Nutzungseinheiten, wie das geänderte Gebäude aufweist und der technischen Referenzausführung der Anlage 2 entspricht, nicht überschreitet.

Die technische Referenzausführung in den Nummern 1.13 bis 9 der Anlage 2 ist nur insoweit zu berücksichtigen, wie eines der dort genannten Systeme in dem zu errichtenden Gebäude ausgeführt wird oder in dem geänderten Gebäude ausgeführt ist. In den Fällen des Satzes 1 Nummer 1 darf der spezifische, auf die wärmeübertragende Umfassungsfläche bezogene Transmissionswärmeverlust eines zu errichtenden Wohngebäudes das 1,2fache des entsprechenden Wertes eines Referenzgebäudes nach der Anlage 1 und ein zu errichtendes Nichtwohngebäude das 1,25fache der Höchstwerte der mittleren Wärmedurchgangskoeffizienten der wärmeübertragenden Umfassungsfläche nach der Anlage 3 nicht überschreiten.

(2) Der Antragsteller hat der nach Landesrecht zuständigen Behörde spätestens ein Jahr nach Abschluss der Maßnahme nach Absatz 1 einen Bericht mit den wesentlichen Erfahrungen bei der Anwendung der Regelung, insbesondere über Investitionskosten, Energieverbräuche und, soweit synthetisch erzeugte Energieträger in flüssiger oder gasförmiger Form genutzt werden, über die Herkunft, die Erzeugung und die Kosten dieser Energieträger sowie die Bestimmung der Treibhausgasemissionen, vorzulegen. Die Länder können der Bundesregierung Daten der Berichte nach Satz 1 zum Zwecke der Auswertung zur Verfügung stellen.

(3) Bis zum 31. Dezember 2025 können Bauherren oder Eigentümer bei Änderung ihrer Gebäude, die in räumlichem Zusammenhang stehen, eine Vereinbarung über die gemeinsame Erfüllung der Anforderungen nach § 50 Absatz 1 in Verbindung mit § 48 treffen, wenn sichergestellt ist, dass die von der Vereinbarung erfassten geänderten Gebäude in ihrer

Gesamtheit die Anforderungen nach § 50 Absatz 1 erfüllen. Jedes geänderte Gebäude, das von der Vereinbarung erfasst wird, muss eine Mindestqualität der Anforderungen an die wärmeübertragende Umfassungsfläche einhalten. Die Mindestqualität nach Satz 2 gilt als erfüllt, wenn die Wärmedurchgangskoeffizienten der geänderten Außenbauteile jedes einzelnen Gebäudes die Höchstwerte der Wärmedurchgangskoeffizienten nach § 48 in Verbindung mit Anlage 7 um nicht mehr als 40 Prozent überschreiten.

(4) Einer Vereinbarung nach Absatz 3 muss eine einheitliche Planung zugrunde liegen, die eine Realisierung der Maßnahmen an allen von der Vereinbarung erfassten Gebäuden in einem zeitlichen Zusammenhang von nicht mehr als drei Jahren vorsieht. Der zuständigen Behörde ist die Vereinbarung anzuzeigen. § 107 Absatz 5 bis 7 ist entsprechend anzuwenden.

Teil 8
Besondere Gebäude, Bußgeldvorschriften, Anschluss- und Benutzungszwang

§ 104 Kleine Gebäude und Gebäude aus Raumzellen

Werden bei einem zu errichtenden kleinen Gebäude die für den Fall des erstmaligen Einbaus anzuwendenden Höchstwerte der Wärmedurchgangskoeffizienten der Außenbauteile nach § 48 eingehalten, gelten die Anforderungen des § 10 Absatz 2 als erfüllt. Satz 1 ist auf ein Gebäude entsprechend anzuwenden, das für eine Nutzungsdauer von höchstens fünf Jahren bestimmt und aus Raumzellen von jeweils bis zu 50 Quadratmetern Nutzfläche zusammengesetzt ist.

§ 105 Baudenkmäler und sonstige besonders erhaltenswerte Bausubstanz

Soweit bei einem Baudenkmal, bei auf Grund von Vorschriften des Bundes- oder Landesrechts besonders geschützter Bausubstanz oder bei sonstiger besonders erhaltenswerter Bausubstanz die Erfüllung der Anforderungen dieses Gesetzes die Substanz oder das Erscheinungsbild beeinträchtigt oder andere Maßnahmen zu einem unverhältnismäßig hohen Aufwand führen, kann von den Anforderungen dieses Gesetzes abgewichen werden.

§ 106 Gemischt genutzte Gebäude

(1) Teile eines Wohngebäudes, die sich hinsichtlich der Art ihrer Nutzung und der gebäudetechnischen Ausstattung wesentlich von der Wohnnutzung unterscheiden und die einen nicht unerheblichen Teil der Gebäudenutzfläche umfassen, sind getrennt als Nichtwohngebäude zu behandeln.

(2) Teile eines Nichtwohngebäudes, die dem Wohnen dienen und einen nicht unerheblichen Teil der Nettogrundfläche umfassen, sind getrennt als Wohngebäude zu behandeln.

(3) Die Berechnung von Trennwänden und Trenndecken zwischen Gebäudeteilen richtet sich in den Fällen der Absätze 1 und 2 nach § 29 Absatz 1.

§ 107 Wärmeversorgung im Quartier

(1) In den Fällen des § 10 Absatz 2 oder des § 50 Absatz 1 in Verbindung mit § 48 können Bauherren oder Eigentümer, deren Gebäude in räumlichem Zusammenhang stehen, Vereinbarungen über eine gemeinsame Versorgung ihrer Gebäude mit Wärme oder Kälte treffen, um die jeweiligen Anforderungen nach § 10 Absatz 2 oder nach § 50 Absatz 1 in Verbindung mit § 48 zu erfüllen. Gegenstand von Vereinbarungen nach Satz 1 können insbesondere sein:

1. die Errichtung und der Betrieb gemeinsamer Anlagen zur zentralen oder dezentralen Erzeugung, Verteilung, Nutzung oder Speicherung von Wärme und Kälte aus erneuerbaren Energien oder Kraft-Wärme-Kopplung,
2. die gemeinsame Erfüllung der Anforderung nach § 10 Absatz 2 Nummer 3,
3. die Benutzung von Grundstücken, deren Betreten und die Führung von Leitungen über Grundstücke.

(2) Treffen Bauherren oder Eigentümer eine Vereinbarung nach Absatz 1, sind die Anforderungen nach § 10 Absatz 2 Nummer 1 und 2 und nach § 50 Absatz 1 in Verbindung mit § 48 für jedes Gebäude, das von der Vereinbarung erfasst wird, einzuhalten. § 103 Absatz 3 bleibt unberührt.

(3) Treffen Bauherren oder Eigentümer eine Vereinbarung zur gemeinsamen Erfüllung der Anforderung nach § 10 Absatz 2 Nummer 3, muss der Wärme- und Kälteenergiebedarf ihrer Gebäude insgesamt in einem Umfang durch Maßnahmen nach den §§ 35 bis 45 gedeckt werden, der mindestens der Summe entspricht, die sich aus den einzelnen Deckungsanteilen nach den §§ 35 bis 45 ergibt.

(4) Dritte, insbesondere Energieversorgungsunternehmen, können an Vereinbarungen im Sinne des Absatzes 1 beteiligt werden. § 22 bleibt unberührt.

(5) Die Vereinbarung ist der zuständigen Behörde auf Verlangen vorzulegen.

(6) Eine Vereinbarung im Sinne des Absatzes 1 bedarf der Schriftform, soweit nicht durch Rechtsvorschriften eine andere Form vorgeschrieben ist.

(7) Die Regelungen der Absätze 1 bis 5 sind entsprechend anwendbar, wenn die Gebäude, die im räumlichen Zusammenhang stehen und nach den Absätzen 1 bis 4 gemeinsam Anforderungen dieses Gesetzes erfüllen, einem Eigentümer gehören. An die Stelle der Vereinbarung nach Absatz 1 tritt eine schriftliche Dokumentation des Eigentümers, die der zuständigen Behörde auf Verlangen vorzulegen ist.

§ 108 Bußgeldvorschriften

(1) Ordnungswidrig handelt, wer vorsätzlich oder leichtfertig

1. entgegen § 15 Absatz 1, § 16, § 18 Absatz 1 Satz 1 oder § 19 ein dort genanntes Gebäude nicht richtig errichtet,
2. entgegen § 47 Absatz 1 Satz 1 nicht dafür sorgt, dass eine dort genannte Geschossdecke gedämmt ist,
3. entgegen § 48 Satz 1 eine dort genannte Maßnahme nicht richtig ausführt,
4. entgegen § 61 Absatz 1 Satz 1 nicht dafür Sorge trägt, dass eine Zentralheizung mit einer dort genannten Einrichtung ausgestattet ist,
5. entgegen § 61 Absatz 2 eine dort genannte Ausstattung nicht, nicht richtig oder nicht rechtzeitig nachrüstet,
6. entgegen § 63 Absatz 1 Satz 1 nicht dafür Sorge trägt, dass eine heizungstechnische Anlage mit Wasser als Wärmeträger mit einer dort genannten Einrichtung ausgestattet ist,
7. entgegen § 69, § 70 oder § 71 Absatz 1 nicht dafür Sorge trägt, dass die Wärmeabgabe oder Wärmeaufnahme dort genannter Leitungen oder Armaturen begrenzt wird,
8. entgegen § 72 Absatz 1 oder 2 einen Heizkessel betreibt,
9. entgegen § 72 Absatz 4 Satz 1 einen Heizkessel einbaut oder aufstellt,
10. entgegen § 74 Absatz 1 eine Inspektion nicht, nicht richtig oder nicht rechtzeitig durchführen lässt,
11. entgegen § 77 Absatz 1 eine Inspektion durchführt,
12. entgegen § 80 Absatz 1 Satz 2, auch in Verbindung mit Satz 3, nicht sicherstellt, dass ein Energieausweis oder eine Kopie übergeben wird,

13. entgegen § 80 Absatz 4 Satz 1 oder 4, jeweils auch in Verbindung mit Absatz 5, einen Energieausweis oder eine Kopie nicht, nicht richtig, nicht vollständig oder nicht rechtzeitig vorlegt,

14. entgegen § 80 Absatz 4 Satz 5, auch in Verbindung mit Absatz 5, einen Energieausweis oder eine Kopie nicht, nicht richtig, nicht vollständig oder nicht rechtzeitig übergibt,

15. entgegen § 83 Absatz 1 Satz 2 oder Absatz 3 Satz 1 nicht dafür Sorge trägt, dass dort genannte Daten richtig sind,

16. entgegen § 87 Absatz 1, auch in Verbindung mit Absatz 2, nicht sicherstellt, dass die Immobilienanzeige die dort genannten Pflichtangaben enthält,

17. entgegen § 88 Absatz 1 einen Energieausweis ausstellt,

18. entgegen § 96 Absatz 1 eine Bestätigung nicht, nicht richtig, nicht vollständig, nicht in der vorgeschriebenen Weise oder nicht rechtzeitig vornimmt,

19. entgegen § 96 Absatz 5 Satz 2 eine Abrechnung nicht oder nicht mindestens fünf Jahre aufbewahrt,

20. entgegen § 96 Absatz 6 Satz 1, auch in Verbindung mit Satz 2, eine Bescheinigung nicht, nicht richtig, nicht vollständig oder nicht rechtzeitig ausstellen lässt oder nicht, nicht richtig, nicht vollständig oder nicht rechtzeitig vorlegt oder

21. einer vollziehbaren Anordnung nach § 99 Absatz 6 Satz 1, auch in Verbindung mit Absatz 8, zuwiderhandelt.

(2) Die Ordnungswidrigkeit kann in den Fällen des Absatzes 1 Nummer 1 bis 9 mit einer Geldbuße bis zu fünfzigtausend Euro, in den Fällen des Absatzes 1 Nummer 10 bis 17 mit einer Geldbuße bis zu zehntausend Euro und in den übrigen Fällen mit einer Geldbuße bis zu fünftausend Euro geahndet werden.

§ 109 Anschluss- und Benutzungszwang

Die Gemeinden und Gemeindeverbände können von einer Bestimmung nach Landesrecht, die sie zur Begründung eines Anschluss- und Benutzungszwangs an ein Netz der öffentlichen Fernwärme- oder Fernkälteversorgung ermächtigt, auch zum Zwecke des Klima- und Ressourcenschutzes Gebrauch machen.

Teil 9
Übergangsvorschriften

§ 110 Anforderungen an Anlagen der Heizungs-, Kühl- und Raumlufttechnik sowie der Warmwasserversorgung und an Anlagen zur Nutzung erneuerbarer Energien

Die technischen Anforderungen dieses Gesetzes an Anlagen der Heizungs-, Kühl- und Raumlufttechnik sowie der Warmwasserversorgung und an Anlagen zur Nutzung erneuerbarer Energien gelten, solange und soweit ein Durchführungsrechtsakt auf der Grundlage der Richtlinie 2009/125/EG nicht etwas anderes vorschreibt.

§ 111 Allgemeine Übergangsvorschriften

(1) Die Vorschriften dieses Gesetzes sind nicht anzuwenden auf Vorhaben, welche die Errichtung, die Änderung, die grundlegende Renovierung, die Erweiterung oder den Ausbau von Gebäuden zum Gegenstand haben, falls die Bauantragstellung oder der Antrag auf Zustimmung oder die Bauanzeige vor dem Inkrafttreten dieses Gesetzes erfolgte. Für

diese Vorhaben sind die Bestimmungen der mit dem Inkrafttreten dieses Gesetzes zugleich abgelösten oder geänderten Rechtsvorschriften in den zum Zeitpunkt der Bauantragstellung oder des Antrags auf Zustimmung oder der Bauanzeige jeweils geltenden Fassungen weiter anzuwenden. Die Sätze 1 und 2 sind entsprechend anzuwenden auf alle Fälle nicht genehmigungsbedürftiger Vorhaben; für Vorhaben, die nach Maßgabe des Bauordnungsrechts der zuständigen Behörde zur Kenntnis zu geben sind, ist dabei auf den Zeitpunkt des Eingangs der Kenntnisgabe bei der zuständigen Behörde und für sonstige nicht genehmigungsbedürftige, insbesondere genehmigungs-, anzeige- und verfahrensfreie Vorhaben auf den Zeitpunkt des Beginns der Bauausführung abzustellen.

(2) Auf Vorhaben, welche die Errichtung, die Änderung, die grundlegende Renovierung, die Erweiterung oder den Ausbau von Gebäuden zum Gegenstand haben, ist dieses Gesetz in der zum Zeitpunkt der Bauantragstellung, des Antrags auf Zustimmung oder der Bauanzeige geltenden Fassung anzuwenden. Satz 1 ist entsprechend anzuwenden auf alle Fälle nicht genehmigungsbedürftiger Vorhaben; für Vorhaben, die nach Maßgabe des Bauordnungsrechts der zuständigen Behörde zur Kenntnis zu geben sind, ist dabei auf den Zeitpunkt des Eingangs der Kenntnisgabe bei der zuständigen Behörde und für sonstige nicht genehmigungsbedürftige, insbesondere genehmigungs-, anzeige- und verfahrensfreie Vorhaben auf den Zeitpunkt des Beginns der Bauausführung abzustellen.

(3) Auf Verlangen des Bauherren ist abweichend von den Absätzen 1 und 2 das jeweils neue Recht anzuwenden, wenn über den Bauantrag oder über den Antrag auf Zustimmung oder nach einer Bauanzeige noch nicht bestandskräftig entschieden worden ist.

§ 112 Übergangsvorschriften für Energieausweise

(1) Wird nach dem 1. November 2020 ein Energieausweis gemäß § 80 Absatz 1, 2 oder Absatz 3 für ein Gebäude ausgestellt, auf das vor dem Inkrafttreten dieses Gesetzes geltende Rechtsvorschriften anzuwenden sind, ist in der Kopfzeile zumindest der ersten Seite des Energieausweises in geeigneter Form die angewandte Fassung der für den Energieausweis maßgeblichen Rechtsvorschrift anzugeben.

(2) Wird nach dem 1. November 2020 ein Energieausweis gemäß § 80 Absatz 3 Satz 1 oder Absatz 6 Satz 1 für ein Gebäude ausgestellt, sind die Vorschriften der Energieeinsparverordnung bis zum 1. Mai 2021 weiter anzuwenden.

(3) § 87 ist auf Energieausweise, die nach dem 30. September 2007 und vor dem 1. Mai 2014 ausgestellt worden sind, mit den folgenden Maßgaben anzuwenden. Als Pflichtangabe nach § 87 Absatz 1 Nummer 2 ist in Immobilienanzeigen anzugeben:

1. bei Energiebedarfsausweisen für Wohngebäude der Wert des Endenergiebedarfs, der auf Seite 2 des Energieausweises gemäß dem bei Ausstellung maßgeblichen Muster angegeben ist,
2. bei Energieverbrauchsausweisen für Wohngebäude der Energieverbrauchskennwert, der auf Seite 3 des Energieausweises gemäß dem bei Ausstellung maßgeblichen Muster angegeben ist; ist im Energieverbrauchskennwert der Energieverbrauch für Warmwasser nicht enthalten, so ist der Energieverbrauchskennwert um eine Pauschale von 20 Kilowattstunden pro Jahr und Quadratmeter Gebäudenutzfläche zu erhöhen,
3. bei Energiebedarfsausweisen für Nichtwohngebäude der Gesamtwert des Endenergiebedarfs, der Seite 2 des Energieausweises gemäß dem bei Ausstellung maßgeblichen Muster zu entnehmen ist,
4. bei Energieverbrauchsausweisen für Nichtwohngebäude sowohl der Heizenergieverbrauchs- als auch der Stromverbrauchskennwert, die Seite 3 des Energieausweises gemäß dem bei Ausstellung maßgeblichen Muster zu entnehmen sind.

Bei Energieausweisen für Wohngebäude nach Satz 1, bei denen noch keine Energieeffizienzklasse angegeben ist, darf diese freiwillig angegeben werden, wobei sich die Klasseneinteilung gemäß § 86 aus dem Endenergieverbrauch oder dem Endenergiebedarf des Gebäudes ergibt.

(4) In den Fällen des § 80 Absatz 4 und 5 sind begleitende Modernisierungsempfehlungen zu noch geltenden Energieausweisen, die nach Maßgabe der am 1. Oktober 2007 oder am 1. Oktober 2009 in Kraft getretenen Fassung der Energieeinsparverordnung ausgestellt worden sind, dem potenziellen Käufer oder Mieter zusammen mit dem

Energieausweis vorzulegen und dem Käufer oder neuen Mieter mit dem Energieausweis zu übergeben; für die Vorlage und die Übergabe sind im Übrigen die Vorgaben des § 80 Absatz 4 und 5 entsprechend anzuwenden.

§ 113 Übergangsvorschriften für Aussteller von Energieausweisen

(1) Zur Ausstellung von Energieausweisen für bestehende Wohngebäude nach § 80 Absatz 3 sind ergänzend zu § 88 auch Personen berechtigt, die vor dem 25. April 2007 nach Maßgabe der Richtlinie des Bundesministeriums für Wirtschaft und Technologie über die Förderung der Beratung zur sparsamen und rationellen Energieverwendung in Wohngebäuden vor Ort vom 7. September 2006 (BAnz S. 6379) als Antragsberechtigte beim Bundesamt für Wirtschaft und Ausfuhrkontrolle registriert worden sind.

(2) Zur Ausstellung von Energieausweisen für bestehende Wohngebäude nach § 80 Absatz 3 sind ergänzend zu § 88 auch Personen berechtigt, die am 25. April 2007 über eine abgeschlossene Berufsausbildung im Baustoff-Fachhandel oder in der Baustoffindustrie und eine erfolgreich abgeschlossene Weiterbildung zum Energiefachberater im Baustoff-Fachhandel oder in der Baustoffindustrie verfügt haben. Satz 1 ist entsprechend auf Personen anzuwenden, die eine solche Weiterbildung vor dem 25. April 2007 begonnen haben, nach erfolgreichem Abschluss der Weiterbildung.

(3) Zur Ausstellung von Energieausweisen für bestehende Wohngebäude nach § 80 Absatz 3 sind ergänzend zu § 88 auch Personen berechtigt, die am 25. April 2007 über eine abgeschlossene Fortbildung auf der Grundlage des § 42a der Handwerksordnung für Energieberatung im Handwerk verfügt haben. Satz 1 ist entsprechend auf Personen anzuwenden, die eine solche Fortbildung vor dem 25. April 2007 begonnen haben, nach erfolgreichem Abschluss der Fortbildung.

§ 114 Übergangsvorschrift über die vorläufige Wahrnehmung von Vollzugsaufgaben der Länder durch das Deutsche Institut für Bautechnik

Bis zum Inkrafttreten der erforderlichen jeweiligen landesrechtlichen Regelungen zur Aufgabenübertragung nimmt das Deutsche Institut für Bautechnik vorläufig die Aufgaben des Landesvollzugs als Registrierstelle nach § 98 und als Kontrollstelle nach § 99 wahr. Die vorläufige Aufgabenwahrnehmung als Kontrollstelle nach Satz 1 bezieht sich nur auf die Überprüfung von Stichproben auf der Grundlage der in § 99 Absatz 4 Satz 1 Nummer 1 und 2 geregelten Optionen oder gleichwertiger Maßnahmen, soweit diese Aufgaben elektronisch durchgeführt werden können. Die Sätze 1 und 2 sind längstens fünf Jahre nach Inkrafttreten dieser Regelung anzuwenden.

Anlage 1 (zu § 15 Absatz 1)
Technische Ausführung des Referenzgebäudes (Wohngebäude)

(Fundstelle: BGBl. I 2020, 1767 - 1768; bezüglich der einzelnen Änderungen vgl. Fußnote)

Nummer	Bauteile/Systeme	Referenzausführung/Wert (Maßeinheit)	
		Eigenschaft (zu den Nummern 1.1 bis 4)	
1.1	Außenwand (einschließlich Einbauten, wie Rollladenkästen), Geschossdecke gegen Außenluft	Wärmedurchgangskoeffizient	U = 0,28 W/(m²·K)
1.2	Außenwand gegen Erdreich, Bodenplatte, Wände und Decken zu	Wärmedurchgangskoeffizient	U = 0,35 W/(m²·K)

Nummer	Bauteile/Systeme	Referenzausführung/Wert (Maßeinheit)	
		Eigenschaft (zu den Nummern 1.1 bis 4)	
	unbeheizten Räumen		
1.3	Dach, oberste Geschossdecke, Wände zu Abseiten	Wärmedurchgangskoeffizient	U = 0,20 W/(m²·K)
1.4	Fenster, Fenstertüren	Wärmedurchgangskoeffizient	U_W = 1,3 W/(m²·K)
		Gesamtenergiedurchlassgrad der Verglasung	Bei Berechnung nach • DIN V 4108-6: 2003-06: g⊥ = 0,60 • DIN V 18599-2: 2018-09: g = 0,60
1.5	Dachflächenfenster, Glasdächer und Lichtbänder	Wärmedurchgangskoeffizient	U_W = 1,4 W/(m²·K)
		Gesamtenergiedurchlassgrad der Verglasung	Bei Berechnung nach • DIN V 4108-6: 2003-06: g⊥ = 0,60 • DIN V 18599-2: 2018-09: g = 0,60
1.6	Lichtkuppeln	Wärmedurchgangskoeffizient	U_W = 2,7 W/(m²·K)
		Gesamtenergiedurchlassgrad der Verglasung	Bei Berechnung nach • DIN V 4108-6: 2003-06: g⊥ = 0,64 • DIN V 18599-2: 2018-09:

Nummer	Bauteile/Systeme	Referenzausführung/Wert (Maßeinheit)	
		Eigenschaft (zu den Nummern 1.1 bis 4)	
			g = 0,64
1.7	Außentüren; Türen gegen unbeheizte Räume	Wärmedurchgangskoeffizient	U = 1,8 W/(m²·K)
2	Bauteile nach den Nummern 1.1 bis 1.7	Wärmebrückenzuschlag	ΔU_{WB} = 0,05 W/(m²·K)
3	Solare Wärmegewinne über opake Bauteile	wie das zu errichtende Gebäude	
4	Luftdichtheit der Gebäudehülle	Bemessungswert n_{50}	Bei Berechnung nach • DIN V 4108-6: 2003-06: mit Dichtheitsprüfung • DIN V 18599-2: 2018-09: nach Kategorie I
5	Sonnenschutzvorrichtung	keine Sonnenschutzvorrichtung	
6	Heizungsanlage	• Wärmeerzeugung durch Brennwertkessel (verbessert, bei der Berechnung nach § 20 Absatz 1 nach 1994), Erdgas, Aufstellung: – für Gebäude bis zu 500 m² Gebäudenutzfläche innerhalb der thermischen Hülle – für Gebäude mit mehr als 500 m² Gebäudenutzfläche außerhalb der thermischen Hülle • Auslegungstemperatur 55/45 °C, zentrales Verteilsystem innerhalb der wärmeübertragenden Umfassungsfläche, innen liegende Stränge und Anbindeleitungen, Standard-Leitungslängen nach DIN V 4701-10: 2003-08 Tabelle 5.3-2, Pumpe auf Bedarf	

Nummer	Bauteile/Systeme	Referenzausführung/Wert (Maßeinheit)	
		Eigenschaft (zu den Nummern 1.1 bis 4)	
		ausgelegt (geregelt, Δp const), Rohrnetz ausschließlich statisch hydraulisch abgeglichen • Wärmeübergabe mit freien statischen Heizflächen, Anordnung an normaler Außenwand, Thermostatventile mit Proportionalbereich 1 K nach DIN V 4701-10: 2003-08 bzw. P-Regler (nicht zertifiziert) nach DIN V 18599-5: 2018-09	
7	Anlage zur Warmwasserbereitung	• zentrale Warmwasserbereitung • gemeinsame Wärmebereitung mit Heizungsanlage nach Nummer 6 • bei Berechnung nach § 20 Absatz 1: allgemeine Randbedingungen gemäß DIN V 18599-8: 2018-09 Tabelle 6, Solaranlage mit Flachkollektor nach 1998 sowie Speicher ausgelegt gemäß DIN V 18599-8: 2018-09 Abschnitt 6.4.3 • bei Berechnung nach § 20 Absatz 2: Solaranlage mit Flachkollektor zur ausschließlichen Trinkwassererwärmung entsprechend den Vorgaben nach DIN V 4701-10: 2003-08 Tabelle 5.1-10 mit Speicher, indirekt beheizt (stehend), gleiche Aufstellung wie Wärmeerzeuger, – kleine Solaranlage bei $A_N \leq 500$ m² (bivalenter Solarspeicher – große Solaranlage bei $A_N > 500$ m² • Verteilsystem mit Zirkulation, innerhalb der wärmeübertragenden Umfassungsfläche, innen liegende Stränge, gemeinsame Installationswand, Standard-Leitungslängen nach DIN V 4701-10: 2003-08	

Nummer	Bauteile/Systeme	Referenzausführung/Wert (Maßeinheit)	
		Eigenschaft (zu den Nummern 1.1 bis 4)	
		Tabelle 5.1-2	
8	Kühlung	keine Kühlung	
9	Lüftung	zentrale Abluftanlage mit Außenwandluftdurchlässen (ALD), nicht bedarfsgeführt mit geregeltem DC-Ventilator, • DIN V 4701: 2003-08: Anlagen-Luftwechsel n_A = 0,4 h^{-1} • DIN-V 18599-10: 2018-09: nutzungsbedingter Mindestaußenluftwechsel n_{Nutz}: 0,5 h^{-1}	
10	Gebäudeautomation	Klasse C nach DIN V 18599-11: 2018-09	

Anlage 2 (zu § 18 Absatz 1)
Technische Ausführung des Referenzgebäudes (Nichtwohngebäude)

(Fundstelle: BGBl. I 2020, 1769 - 1773)

Nummer	Bauteile/Systeme	Eigenschaft (zu den Nummern 1.1 bis 1.13)	Referenzausführung/Wert (Maßeinheit)	
			Raum-Solltemperaturen im Heizfall ≥ 19 °C	Raum-Solltemperaturen im Heizfall von 12 bis < 19 °C
1.1	Außenwand (einschließlich Einbauten, wie Rollladen-kästen), Geschossdecke gegen Außenluft	Wärmedurchgangskoeffizient	U = 0,28 W/(m²·K)	U = 0,35 W/(m²·K)
1.2	Vorhangfassade (siehe auch Nummer 1.14)	Wärmedurchgangskoeffizient	U = 1,4 W/(m²·K)	U = 1,9 W/(m²·K)
		Gesamtenergiedurchlassgrad der Verglasung	g = 0,48	g = 0,60

Nummer	Bauteile/Systeme	Eigenschaft (zu den Nummern 1.1 bis 1.13)	Referenzausführung/Wert (Maßeinheit)	
			Raum-Solltemperaturen im Heizfall ≥ 19 °C	Raum-Solltemperaturen im Heizfall von 12 bis < 19 °C
		Lichttransmissionsgrad der Verglasung	$\tau_{v,D65,SNA}$ = 0,72	$\tau_{v,D65,SNA}$ = 0,78
1.3	Wand gegen Erdreich, Bodenplatte, Wände und Decken zu unbeheizten Räumen (außer Abseitenwände nach Nummer 1.4)	Wärmedurchgangskoeffizient	U = 0,35 W/(m²·K)	U = 0,35 W/(m²·K)
1.4	Dach (soweit nicht unter Nummer 1.5), oberste Geschossdecke, Wände zu Abseiten	Wärmedurchgangskoeffizient	U = 0,20 W/(m²·K)	U = 0,35 W/(m²·K)
1.5	Glasdächer	Wärmedurchgangskoeffizient	U_W = 2,7 W/(m²·K)	U_W = 2,7 W/(m²·K)
		Gesamtenergiedurchlassgrad der Verglasung	g = 0,63	g = 0,63
		Lichttransmissionsgrad der Verglasung	$\tau_{v,D65,SNA}$ = 0,76	$\tau_{v,D65,SNA}$ = 0,76
1.6	Lichtbänder	Wärmedurchgangskoeffizient	U_W = 2,4 W/(m²·K)	U_W = 2,4 W/(m²·K)
		Gesamtenergiedurchlassgrad der Verglasung	g = 0,55	g = 0,55
		Lichttransmissionsgrad der Verglasung	$\tau_{v,D65,SNA}$ = 0,48	$\tau_{v,D65,SNA}$ = 0,48
1.7	Lichtkuppeln	Wärmedurchgangskoeffizient	U_W = 2,7 W/(m²·K)	U_W = 2,7 W/(m²·K)
		Gesamtenergiedurchlassgrad der Verglasung	g = 0,64	g = 0,64

Nummer	Bauteile/Systeme	Eigenschaft (zu den Nummern 1.1 bis 1.13)	Referenzausführung/Wert (Maßeinheit)	
			Raum-Solltemperaturen im Heizfall ≥ 19 °C	Raum-Solltemperaturen im Heizfall von 12 bis < 19 °C
		Lichttransmissionsgrad der Verglasung	$\tau_{v,D65,SNA}$ = 0,59	$\tau_{v,D65,SNA}$ = 0,59
1.8	Fenster, Fenstertüren (siehe auch Nummer 1.14)	Wärmedurchgangskoeffizient	U_W = 1,3 W/(m²·K)	U_W = 1,9 W/(m²·K)
		Gesamtenergiedurchlassgrad der Verglasung	g = 0,60	g = 0,60
		Lichttransmissionsgrad der Verglasung	$\tau_{v,D65,SNA}$ = 0,78	$\tau_{v,D65,SNA}$ = 0,78
1.9	Dachflächenfenster (siehe auch Nummer 1.14)	Wärmedurchgangskoeffizient	U_W = 1,4 W/(m²·K)	U_W = 1,9 W/(m²·K)
		Gesamtenergiedurchlassgrad der Verglasung	g = 0,60	g = 0,60
		Lichttransmissionsgrad der Verglasung	$\tau_{v,D65,SNA}$ = 0,78	$\tau_{v,D65,SNA}$ = 0,78
1.10	Außentüren; Türen gegen unbeheizte Räume; Tore	Wärmedurchgangskoeffizient	U = 1,8 W/(m²·K)	U = 2,9 W/(m²·K)
1.11	Bauteile in den Nummern 1.1 und 1.3 bis 1.10	Wärmebrückenzuschlag	ΔU_{WB} = 0,05 W/(m²·K)	ΔU_{WB} = 0,1 W/(m²·K)
1.12	Gebäudedichtheit	Kategorie nach DIN V 18599-2: 2018-09 Tabelle 7	Kategorie I	
1.13	Tageslichtversorgung bei Sonnen- oder Blendschutz oder bei Sonnen- und Blendschutz	Tageslichtversorgungsfaktor $C_{TL,Vers,SA}$ nach DIN V 18599-4: 2018-09	• kein Sonnen- oder Blendschutz vorhanden: 0,70 • Blendschutz vorhanden:	

Nummer	Bauteile/Systeme	Eigenschaft (zu den Nummern 1.1 bis 1.13)	Referenzausführung/Wert (Maßeinheit)	
			Raum-Solltemperaturen im Heizfall ≥ 19 °C	Raum-Solltemperaturen im Heizfall von 12 bis < 19 °C
			0,15	
1.14	Sonnenschutzvorrichtung	Für das Referenzgebäude ist die tatsächliche Sonnenschutzvorrichtung des zu errichtenden Gebäudes anzunehmen; sie ergibt sich gegebenenfalls aus den Anforderungen zum sommerlichen Wärmeschutz nach § 14 oder aus Erfordernissen des Blendschutzes. Soweit hierfür Sonnenschutzverglasung zum Einsatz kommt, sind für diese Verglasung folgende Kennwerte anzusetzen: • anstelle der Werte der Nummer 1.2 – Gesamtenergiedurchlassgrad der Verglasung g $g = 0,35$ – Lichttransmissionsgrad der Verglasung $\tau_{v,D65,SNA}$ $\tau_{v,D65,SNA} = 0,58$ • anstelle der Werte der Nummern 1.8 und 1.9: – Gesamtenergiedurchlassgrad der Verglasung g $g = 0,35$ – Lichttransmissionsgrad der Verglasung $\tau_{v,D65,SNA}$ $\tau_{v,D65,SNA} = 0,62$		
2	Solare Wärmegewinne über opake Bauteile	Wie beim zu errichtenden Gebäude		
3.1	Beleuchtungsart	direkt/indirekt mit elektronischem Vorschaltgerät und stabförmiger Leuchtstofflampe		

Nummer	Bauteile/Systeme	Eigenschaft (zu den Nummern 1.1 bis 1.13)	Referenzausführung/Wert (Maßeinheit)	
			Raum-Solltemperaturen im Heizfall ≥ 19 °C	Raum-Solltemperaturen im Heizfall von 12 bis < 19 °C
3.2	Regelung der Beleuchtung	Präsenzkontrolle: – in Zonen der Nutzungen 4, 15 bis 19, 21 und 31*: mit Präsenzmelder – im Übrigen: manuell Konstantlichtkontrolle/tageslichtabhängige Kontrolle: – in Zonen der Nutzungen 5, 9, 10, 14, 22.1 bis 22.3, 29, 37 bis 40*: Konstantlichtkontrolle gemäß DIN V 18599-4: 2018-09 Abschnitt 5.4.6 – in Zonen der Nutzungen 1 bis 4, 8, 12, 28, 31 und 36*: tageslichtabhängige Kontrolle, Kontrollart „gedimmt, nicht ausschaltend" gemäß DIN V 18599-4: 2018-09 Abschnitt 5.5.4 (einschließlich Konstantlichtkontrolle) – im Übrigen: manuell		
4.1	Heizung (Raumhöhen ≤ 4 m) – Wärmeerzeuger	Brennwertkessel (verbessert, nach 1994) nach DIN V 18599-5: 2018-09, Erdgas, Aufstellung außerhalb der thermischen Hülle, Wasserinhalt > 0,15 l/kW		
4.2	Heizung (Raumhöhen ≤ 4 m) – Wärmeverteilung	– <u>bei statischer Heizung und Umluftheizung (dezentrale Nachheizung in RLT-Anlage):</u> Zweirohrnetz, außen liegende Verteilleitungen im unbeheizten Bereich, innen liegende Steigstränge, innen liegende Anbindeleitungen, Systemtemperatur 55/45 °C,		

Nummer	Bauteile/Systeme	Eigenschaft (zu den Nummern 1.1 bis 1.13)	Referenzausführung/Wert (Maßeinheit)	
			Raum-Solltemperaturen im Heizfall ≥ 19 °C	Raum-Solltemperaturen im Heizfall von 12 bis < 19 °C
		ausschließlich statisch hydraulisch abgeglichen, Δp const, Pumpe auf Bedarf ausgelegt, Pumpe mit intermittierendem Betrieb, keine Überströmventile, für den Referenzfall sind die Rohrleitungslängen und die Umgebungstemperaturen gemäß den Standardwerten nach DIN V 18599-5: 2018-09 zu ermitteln. – <u>bei zentralem RLT-Gerät:</u> Zweirohrnetz, Systemtemperatur 70/55 °C, ausschließlich statisch hydraulisch abgeglichen, Δp const, Pumpe auf Bedarf ausgelegt, für den Referenzfall sind die Rohrleitungslängen und die Lage der Rohrleitungen wie beim zu errichtenden Gebäude anzunehmen.		
4.3	Heizung (Raumhöhen ≤ 4 m) – Wärmeübergabe	– <u>bei statischer Heizung:</u> freie Heizflächen an der Außenwand (bei Anordnung vor Glasflächen mit Strahlungsschutz), ausschließlich statisch hydraulisch abgeglichen, P-Regler (nicht zertifiziert), keine Hilfsenergie – <u>bei Umluftheizung (dezentrale Nachheizung in RLT-Anlage):</u> Regelgröße Raumtemperatur, hohe Regelgüte.		
4.4	Heizung (Raumhöhen > 4 m)	<u>Dezentrales Heizsystem:</u> Wärmeerzeuger gemäß DIN V 18599-5: 2018-09 Tabelle 52: – Dezentraler Warmlufterzeuger – nicht kondensierend –		

Nummer	Bauteile/Systeme	Eigenschaft (zu den Nummern 1.1 bis 1.13)	Referenzausführung/Wert (Maßeinheit)	
			Raum-Solltemperaturen im Heizfall ≥ 19 °C	Raum-Solltemperaturen im Heizfall von 12 bis < 19 °C
		Leistung 25 bis 50 kW je Gerät – Energieträger Erdgas – Leistungsregelung 1 (einstufig oder mehrstufig/modulierend ohne Anpassung der Verbrennungsluftmenge) Wärmeübergabe gemäß DIN V 18599-5: 2018-09 Tabelle 16 und Tabelle 22: – Radialventilator, Auslass horizontal, ohne Warmluftrückführung, Raumtemperaturregelung P-Regler (nicht zertifiziert)		
5.1	Warmwasser – zentrales System	Wärmeerzeuger: allgemeine Randbedingungen gemäß DIN V 18599-8: 2018-09 Tabelle 6, Solaranlage mit Flachkollektor (nach 1998) zur ausschließlichen Trinkwassererwärmung nach DIN V 18599-8: 2018-09 mit Standardwerten gemäß Tabelle 19 bzw. Abschnitt 6.4.3, jedoch abweichend auch für zentral warmwasserversorgte Nettogrundflächen über 3 000 m^2 Restbedarf über Wärmeerzeuger der Heizung Wärmespeicherung: bivalenter, außerhalb der thermischen Hülle aufgestellter Speicher nach DIN V 18599-8: 2018-09 Abschnitt 6.4.3 Wärmeverteilung: mit Zirkulation, für den Referenzfall sind die Rohrleitungslänge und die Lage der Rohrleitungen wie beim zu errichtenden Gebäude anzunehmen.		
5.2	Warmwasser –	hydraulisch geregelter Elektro-Durchlauferhitzer, eine Zapfstelle und 6 Meter Leitungslänge pro Gerät bei Gebäudezonen, die einen Warmwasserbedarf von		

Nummer	Bauteile/Systeme	Eigenschaft (zu den Nummern 1.1 bis 1.13)	Referenzausführung/Wert (Maßeinheit)	
			Raum-Solltemperaturen im Heizfall ≥ 19 °C	Raum-Solltemperaturen im Heizfall von 12 bis < 19 °C
	dezentrales System	höchstens 200 Wh / (m^2 · d) aufweisen		
6.1	Raumlufttechnik – Abluftanlage	spezifische Leistungsaufnahme Ventilator P_{SFP} = 1,0 kW/(m^3/s)		
6.2	Raumlufttechnik – Zu- und Abluftanlage	– Luftvolumenstromregelung: Soweit für Zonen der Nutzungen 4, 8, 9, 12, 13, 23, 24, 35, 37 und 40* eine Zu- und Abluftanlage vorgesehen wird, ist diese mit bedarfsabhängiger Luftvolumenstromregelung Kategorie IDA-C4 gemäß DIN V 18599-7: 2018-09 Abschnitt 5.8.1 auszulegen. – Spezifische Leistungsaufnahme: – Zuluftventilator P_{SFP} = 1,5 kW/(m^3/s) – Abluftventilator P_{SFP} = 1,0 kW/(m^3/s) Erweiterte P_{SFP}-Zuschläge nach DIN EN 16798-3: 2017-11 Abschnitt 9.5.2.2 können für HEPA-Filter, Gasfilter sowie Wärmerückführungsbauteile der Klassen H2 oder H1 nach DIN EN 13053:2007-11 angerechnet werden. – Wärmerückgewinnung über Plattenwärmeübertrager: Temperaturänderungsgrad $\eta_{t,comp}$ = 0,6 Zulufttemperatur 18 °C Druckverhältniszahl f_P = 0,4 –		

Nummer	Bauteile/Systeme	Eigenschaft (zu den Nummern 1.1 bis 1.13)	Referenzausführung/Wert (Maßeinheit)	
			Raum-Solltemperaturen im Heizfall ≥ 19 °C	Raum-Solltemperaturen im Heizfall von 12 bis < 19 °C
		Luftkanalführung: innerhalb des Gebäudes – bei Kühlfunktion: Auslegung für 6/12 °C, keine indirekte Verdunstungskühlung		
6.3	Raumlufttechnik – Luftbefeuchtung	für den Referenzfall ist die Einrichtung zur Luftbefeuchtung wie beim zu errichtenden Gebäude anzunehmen		
6.4	Raumlufttechnik – Nur-Luft-Klimaanlagen	als kühllastgeregeltes Variabel-Volumenstrom-System ausgeführt: Druckverhältniszahl: $f_P = 0{,}4$ konstanter Vordruck Luftkanalführung: innerhalb des Gebäudes		
7	Raumkühlung	– Kältesystem: Kaltwasser-Ventilatorkonvektor, Brüstungsgerät Kaltwassertemperatur 14/18 °C – Kaltwasserkreis Raumkühlung: Überströmung 10 % spezifische elektrische Leistung der Verteilung $P_{d,spez} = 30$ $W_{el}/kW_{Kälte}$ hydraulisch abgeglichen, geregelte Pumpe, Pumpe hydraulisch entkoppelt, saisonale sowie Nacht- und Wochenendabschaltung nach DIN V 18599-7: 2018-09, Anhang D		
8	Kälteerzeugung	Erzeuger: Kolben/Scrollverdichter mehrstufig schaltbar, R134a, außenluftgekühlt, kein Speicher, Baualterfaktor $f_{c,B} = 1{,}0$, Freikühlfaktor $f_{FC} = 1{,}0$		

Nummer	Bauteile/Systeme	Eigenschaft (zu den Nummern 1.1 bis 1.13)	Referenzausführung/Wert (Maßeinheit)	
			Raum-Solltemperaturen im Heizfall ≥ 19 °C	Raum-Solltemperaturen im Heizfall von 12 bis < 19 °C
		Kaltwassertemperatur: – bei mehr als 5 000 m² mittels Raumkühlung konditionierter Nettogrundfläche, für diesen Konditionierungsanteil 14/18 °C – im Übrigen: 6/12 °C Kaltwasserkreis Erzeuger inklusive RLT-Kühlung: Überströmung 30 % spezifische elektrische Leistung der Verteilung $P_{d,spez}$ = 20 $W_{el}/kW_{Kälte}$ hydraulisch abgeglichen, ungeregelte Pumpe, Pumpe hydraulisch entkoppelt, saisonale sowie Nacht- und Wochenendabschaltung nach DIN V 18599-7: 2018-09, Anhang D, Verteilung außerhalb der konditionierten Zone. Der Primärenergiebedarf für das Kühlsystem und die Kühlfunktion der raumlufttechnischen Anlage darf für Zonen der Nutzungen 1 bis 3, 8, 10, 16, 18 bis 20 und 31* nur zu 50 % angerechnet werden.		
9	Gebäudeautomation	Klasse C nach DIN V 18599-11: 2018-09		
* Nutzungen nach Tabelle 5 der DIN V 18599-10: 2018-09.				

Anlage 3 (zu § 19)
Höchstwerte der mittleren Wärmedurchgangskoeffizienten der wärmeübertragenden Umfassungsfläche (Nichtwohngebäude)

(Fundstelle: BGBl. I 2020, 1774)

Nummer	Bauteile	Höchstwerte der Mittelwerte der Wärmedurchgangskoeffizienten	
		Zonen mit Raum-Solltemperaturen im Heizfall ≥ 19 °C	Zonen mit Raum-Solltemperaturen im Heizfall von 12 bis < 19 °C
1	Opake Außenbauteile, soweit nicht in Bauteilen der Nummern 3 und 4 enthalten	$\bar{U} = 0{,}28$ W/(m^2·K)	$\bar{U} = 0{,}50$ W/(m^2·K)
2	Transparente Außenbauteile, soweit nicht in Bauteilen der Nummern 3 und 4 enthalten	$\bar{U} = 1{,}5$ W/(m^2·K)	$\bar{U} = 2{,}8$ W/(m^2·K)
3	Vorhangfassade	$\bar{U} = 1{,}5$ W/(m^2·K)	$\bar{U} = 3{,}0$ W/(m^2·K)
4	Glasdächer, Lichtbänder, Lichtkuppeln	$\bar{U} = 2{,}5$ W/(m^2·K)	$\bar{U} = 3{,}1$ W/(m^2·K)

Bei der Berechnung des Mittelwerts des jeweiligen Bauteils sind die Bauteile nach Maßgabe ihres Flächenanteils zu berücksichtigen. Die Wärmedurchgangskoeffizienten von Bauteilen gegen unbeheizte Räume (außer Dachräumen) oder Erdreich sind zusätzlich mit dem Faktor 0,5 zu gewichten. Bei der Berechnung des Mittelwerts der an das Erdreich angrenzenden Bodenplatten bleiben die Flächen unberücksichtigt, die mehr als 5 Meter vom äußeren Rand des Gebäudes entfernt sind. Die Berechnung ist für Zonen mit unterschiedlichen Raum-Solltemperaturen im Heizfall getrennt durchzuführen.
Für die Berechnung des Wärmedurchgangskoeffizienten der an Erdreich grenzenden Bauteile ist DIN V 18599-2: 2018-09 Abschnitt 6.1.4.3 und für opake Bauteile ist DIN 4108-4: 2017-03 in Verbindung mit DIN EN ISO 6946: 2008-04 anzuwenden. Für die Berechnung des Wärmedurchgangskoeffizienten transparenter Bauteile sowie von Vorhangfassaden ist DIN 4108-4: 2017-03 anzuwenden.

Anlage 4 (zu § 22 Absatz 1)
Primärenergiefaktoren

(Fundstelle: BGBl. I 2020, 1775)

Nummer	Kategorie	Energieträger	Primärenergiefaktoren nicht erneuerbarer Anteil
1	Fossile Brennstoffe	Heizöl	1,1
2		Erdgas	1,1
3		Flüssiggas	1,1
4		Steinkohle	1,1
5		Braunkohle	1,2
6	Biogene Brennstoffe	Biogas	1,1
7		Bioöl	1,1
8		Holz	0,2
9	Strom	netzbezogen	1,8
10		gebäudenah erzeugt (aus Photovoltaik oder Windkraft)	0,0
11		Verdrängungsstrommix für KWK	2,8
12	Wärme, Kälte	Erdwärme, Geothermie, Solarthermie, Umgebungswärme	0,0
13		Erdkälte, Umgebungskälte	0,0
14		Abwärme	0,0
15		Wärme aus KWK, gebäudeintegriert oder gebäudenah	nach Verfahren B gemäß DIN V 18599-9: 2018-09 Abschnitt 5.2.5 oder DIN V 18599-9: 2018-09 Abschnitt 5.3.5.1
16	Siedlungsabfälle		0,0

Anlage 5 (zu § 31 Absatz 1)
Vereinfachtes Nachweisverfahren für ein zu errichtendes Wohngebäude

(Fundstelle: BGBl. I 2020, 1776 - 1781; bezüglich der einzelnen Änderungen vgl. Fußnote)

1.

Voraussetzungen für die Anwendung des vereinfachten Nachweisverfahrens

Das vereinfachte Nachweisverfahren nach § 31 Absatz 1 kann auf ein zu errichtendes Wohngebäude angewendet werden, wenn sämtliche der folgenden Voraussetzungen erfüllt sind:

a)

Das Gebäude ist ein Wohngebäude im Sinne des § 3 Nummer 33; wird ein gemischt genutztes Gebäude nach § 106 Absatz 1 oder Absatz 2 in zwei Gebäudeteile aufgeteilt, kann das vereinfachte Nachweisverfahren nach § 31 Absatz 1 bei Erfüllung aller anderen Voraussetzungen auf den Wohngebäudeteil angewendet werden.

b)

Das Gebäude darf nicht mit einer Klimaanlage ausgestattet sein.

c)

Die Dichtheit des Gebäudes ist nach § 26 zu prüfen und muss die dort genannten Grenzwerte einhalten.

d)

Damit der sommerliche Wärmeschutz auch ohne Nachweisrechnung als ausreichend angesehen werden kann, muss das Gebäude folgende Voraussetzungen erfüllen:

aa)

beim kritischen Raum (Raum mit der höchsten Wärmeeinstrahlung im Sommer) beträgt der Fensterflächenanteil bezogen auf die Grundfläche dieses Raums nicht mehr als 35 Prozent,

bb)

sämtliche Fenster in Ost-, Süd- oder Westorientierung (inklusive derer eines eventuellen Glasvorbaus) sind mit außen liegenden Sonnenschutzvorrichtungen mit einem Abminderungsfaktor $F_C \leq 0{,}30$ ausgestattet.

e)

Die beheizte Bruttogrundfläche des Gebäudes $A_{BGF,\ Gebäude}$[1] darf nicht kleiner als 115 Quadratmeter und nicht größer als 2 300 Quadratmeter sein.

f)

Die mittlere Geschosshöhe[2] nach DIN V 18599-1: 2018-09 des Gebäudes darf nicht kleiner als 2,5 Meter und nicht größer als 3 Meter sein.

g)

Die Kompaktheit des Gebäudes in Bezug auf das Verhältnis von Bruttoumfang beheizter Bruttogrundfläche $A_{BGF,\ Geschoss}$ jedes beheizten Geschosses muss folgende Voraussetzung erfüllen: Das Quadrat des Bruttoumfangs U_{brutto} in Meter darf höchstens das 20fache der beheizten Bruttogrundfläche eines beheizten Geschosses $A_{BGF,\ Geschoss}$ in Quadratmeter betragen; bei einem angebauten Gebäude ist in den Bruttoumfang auch derjenige Anteil einzurechnen, der an benachbarte beheizte Gebäude angrenzt.

h)

Bei Gebäuden mit beheizten Räumen in mehreren Geschossen müssen die beheizten Bruttogeschossflächen aller Geschosse ohne Vor- oder Rücksprünge deckungsgleich sein; nur das oberste Geschoss darf eine kleinere beheizte Bruttogeschossfläche als das darunter liegende Geschoss besitzen.[3]

i)

Insgesamt darf das Gebäude nicht mehr als sechs beheizte Geschosse besitzen.

j)

Der Fensterflächenanteil des Gebäudes[4] darf bei zweiseitig angebauten Gebäuden nicht mehr als 35 Prozent, bei allen anderen Gebäuden nicht mehr als 30 Prozent an der gesamten Fassadenfläche des Gebäudes betragen.

k)

Die Gesamtfläche spezieller Fenstertüren an der gesamten Fassadenfläche des Gebäudes darf bei freistehenden Gebäuden und einseitig angebauten Gebäuden 4,5 Prozent und bei zweiseitig angebauten Gebäuden 5,5 Prozent nicht überschreiten.

l)

Die Fläche der in nördliche Richtung orientierten[5] Fenster des Gebäudes darf nicht größer sein als der Mittelwert der Fensterflächen anderer Orientierungen.

m)

Der Anteil von Dachflächenfenstern, Lichtkuppeln und ähnlichen transparenten Bauteilen im Dachbereich darf nicht mehr als 6 Prozent der Dachfläche betragen.

n)

Die Gesamtfläche aller Außentüren[6] darf bei Ein- und Zweifamilienhäusern 2,7 Prozent, ansonsten 1,5 Prozent der beheizten Bruttogrundfläche des Gebäudes nicht überschreiten.

2.

Bauteilanforderungen

Folgende Anforderungen an die jeweiligen einzelnen Bauteile der thermischen Gebäudehülle müssen eingehalten werden:

•

Dachflächen, oberste Geschossdecke, Dachgauben:

$U \leq 0,14$ W/(m² K)

•

Fenster und sonstige transparente Bauteile:

$U_w \leq 0,90$ W/(m² K)

•

Dachflächenfenster:

$U_w \leq 1,0$ W/(m² K)

•

Außenwände, Geschossdecken nach unten gegen Außenluft:

$U \leq 0,20$ W/(m² K)

•

Sonstige opake Bauteile (Kellerdecken, Wände und Decken zu unbeheizten Räumen, Wand- und Bodenflächen gegen Erdreich, etc.):

$U \leq 0,25$ W/(m² K)

•

Türen (Keller- und Außentüren)

$U_D \leq 1,2$ W/(m² K)

•

Lichtkuppeln und ähnliche Bauteile:

$U \leq 1,5$ W/(m² K)

•

Spezielle Fenstertüren (mit Klapp-, Falt-, Schiebe- oder Hebemechanismus):

$U_W \leq 1,4$ W/(m² K)

•

Vermeidung von Wärmebrücken:

$\Delta U_{WB} \leq 0{,}035$ W/(m² K).

Die Anforderungen sind über die gesamte Fläche des jeweiligen Bauteils einzuhalten. Zudem müssen die Anforderungen an die Ausführung von Wärmebrücken sowie an die Luftdichtheit der Gebäudehülle eingehalten werden.

3.

Zulässige Anlagenkonzepte

Für die Anlagentechnik ist eines der nachfolgenden Anlagenkonzepte umzusetzen:

- Sole-Wasser-Wärmepumpe mit Flächenheizsystem zur Wärmeübergabe, zentrale Abluftanlage

- Wasser-Wasser-Wärmepumpe mit Flächenheizsystem zur Wärmeübergabe, zentrale Abluftanlage

- Luft-Wasser-Wärmepumpe mit Flächenheizsystem zur Wärmeübergabe, zentrale Lüftungsanlage mit Wärmerückgewinnung (Wärmebereitstellungsgrad ≥ 80 %)

- Fernwärme mit zertifiziertem Primärenergiefaktor $f_p \leq 0{,}7$, zentrale Lüftungsanlage mit Wärmerückgewinnung (Wärmebereitstellungsgrad ≥ 80 %)

- Zentrale Biomasse-Heizungsanlage auf Basis von Holzpellets, Hackschnitzeln oder Scheitholz, zentrale Abluftanlage, solarthermische Anlage zur Trinkwarmwasser-Bereitung

Der Aufstellungsort des Wärmeerzeugers beziehungsweise der Wärmeübergabestation muss innerhalb der thermischen Gebäudehülle liegen und es muss eine zentrale Trinkwarmwasser-Bereitung vorhanden sein. Bei Wahl eines Anlagenkonzeptes mit Wärmepumpe dürfen einzelne Komponenten auch außerhalb der thermischen Gebäudehülle aufgestellt werden, wenn sich mindestens die Geräte zur Wärmespeicherung und -verteilung innerhalb der thermischen Gebäudehülle befinden. Bei Wahl einer Wärmepumpe kann die Trinkwarmwasser-Bereitung mittels Durchlauferhitzer dezentral erfolgen. Eine Trinkwarmwasser-Zirkulation ist zulässig.
Eine zentrale Abluftanlage kann durch eine Lüftungsanlage mit Wärmerückgewinnung ersetzt werden. Für diese besteht dann keine Anforderung an einen ausschließlichen Einsatz einer zentralen Anlage. Darüber hinausgehende Abweichungen von den genannten Anforderungen an die Bauteile und den aufgeführten Anlagenkonzepten sind für dieses Nachweisverfahren nicht zulässig. Weitere Wärmeerzeuger für Heizung oder Trinkwarmwasser sind nicht zulässig, auch nicht als ergänzender Wärmeerzeuger. Soweit sinnvoll, können die Konzepte um solarthermische Anlagen (Heizungsunterstützung und Trinkwarmwasser-Bereitung) oder Photovoltaik-Anlagen ergänzt werden.

Als zentrale Lüftungsanlage gelten sowohl gebäude- als auch wohnungszentrale Anlagen. Die Anforderung an den Einbau einer Lüftungsanlage besteht dabei an das Gebäude. Bei dem Einbau wohnungszentraler Anlagen in ein Mehrfamilienhaus sind Anlagen mindestens in jede einzelne Wohnung einzubauen. Die jeweiligen Anforderungen an den Wärmebereitstellungsgrad werden für Lüftungsanlagen mit Wärmerückgewinnung gleichwertig erfüllt, wenn die zentrale Lüftungsanlage einen spezifischen Energieverbrauch von SEV < – 26 kWh/(m² a) gemäß der Definition des SEV nach Anhang 1 Nummer 1 der Verordnung (EU) Nr. 1253/2014 der Kommission vom 7. Juli 2014 zur Durchführung der Richtlinie 2009/125/EG des Europäischen Parlaments und des Rates hinsichtlich der Anforderungen an die umweltgerechte Gestaltung von Lüftungsanlagen (ABl. L 337 vom 25.11.2014, S. 8) aufweist.

[1]

Die „beheizte Bruttogrundfläche des Gebäudes A_{BGF}“ ist die Summe der Bruttogrundflächen aller beheizten Geschosse, wobei bei Gebäuden mit zwei oder mehr beheizten Geschossen nur 80 Prozent der Bruttogrundfläche des obersten beheizten Geschosses eingerechnet werden.

2 Die „mittlere Geschosshöhe des Gebäudes“ ist der flächengewichtete Durchschnitt der Geschosshöhen aller beheizten Geschosse des Gebäudes.

3 Kellerabgänge und Kellervorräume sind keine beheizten Geschosse im Sinne dieser Regelung, soweit sie nur indirekt beheizt sind.

4 Der Fensterflächenanteil ist der Quotient aus Fensterfläche und der Summe aus Fensterfläche und Außenwand-/Fassadenfläche. Die Fensterfläche ist einschließlich Fenstertüren und spezieller Fenstertüren zu ermitteln; spezielle Fenstertüren sind barrierefreie Fenstertüren gemäß DIN 18040-2: 2011-09 sowie Schiebe-, Hebe-Schiebe-, Falt- und Faltschiebetüren.

5 Fenster sind in nördliche Richtungen orientiert, wenn die Senkrechte auf die Fensterfläche nicht mehr als 22,5 Grad von der Nordrichtung abweicht.

6 Öffnungsmaße von Fenstern und Türen werden gemäß DIN V 18599-1: 2018-09 mit den lichten Rohbaumaßen innen ermittelt.

Anlage 6 (zu § 32 Absatz 3)
Zu verwendendes Nutzungsprofil für die Berechnungen des Jahres-Primärenergiebedarfs beim vereinfachten Berechnungsverfahren für ein zu errichtendes Nichtwohngebäude

(Fundstelle: BGBl. I 2020, 1782)

Nummer	Gebäudetyp und Hauptnutzung	Nutzung	Nutzenergiebedarf Warmwasser*
1	Bürogebäude mit der Hauptnutzung Einzelbüro, Gruppenbüro, Großraumbüro, Besprechung, Sitzung, Seminar	Einzelbüro	0
2	Bürogebäude mit Verkaufseinrichtung oder Gewerbebetrieb und der Hauptnutzung Einzelbüro, Gruppenbüro, Großraumbüro, Besprechung, Sitzung, Seminar	Einzelbüro	0
3	Bürogebäude mit Gaststätte und der Hauptnutzung Einzelbüro, Gruppenbüro, Großraumbüro, Besprechung, Sitzung, Seminar	Einzelbüro	1,5 kWh je Sitzplatz in der Gaststätte und Tag
4	Gebäude des Groß- und	Einzelhandel/Kaufhaus	0

Nummer	Gebäudetyp und Hauptnutzung	Nutzung	Nutzenergiebedarf Warmwasser*
	Einzelhandels bis 1 000 Quadratmeter Nettogrundfläche mit der Hauptnutzung Groß-, Einzelhandel/Kaufhaus		
5	Gewerbebetriebe bis 1 000 Quadratmeter Nettogrundfläche mit der Hauptnutzung Gewerbe	Gewerbliche und industrielle Hallen – leichte Arbeit, überwiegend sitzende Tätigkeit	1,5 kWh je Beschäftigten und Tag
6	Schule, Kindergarten und -tagesstätte, ähnliche Einrichtungen mit der Hauptnutzung Klassenzimmer, Gruppenraum	Klassenzimmer/Gruppenraum	Ohne Duschen: 65 Wh je Quadratmeter und Tag, 200 Nutzungstage
7	Turnhalle mit der Hauptnutzung Turnhalle	Turnhalle	1,5 kWh je Person und Tag
8	Beherbergungsstätte ohne Schwimmhalle, Sauna oder Wellnessbereich mit der Hauptnutzung Hotelzimmer	Hotelzimmer	250 Wh je Quadratmeter und Tag, 365 Nutzungstage
9	Bibliothek mit der Hauptnutzung Lesesaal, Freihandbereich	Bibliothek, Lesesaal	0

* Die flächenbezogenen Werte beziehen sich auf die gesamte Nettogrundfläche des Gebäudes; der monatliche Nutzenergiebedarf für Trinkwarmwasser ist nach DIN V 18599-10: 2018-09, Tabelle 7, Fußnote a zu berechnen.

Anlage 7 (zu § 48)
Höchstwerte der Wärmedurchgangskoeffizienten von Außenbauteilen bei Änderung an bestehenden Gebäuden

(Fundstelle: BGBl. I 2020, 1783 - 1786)

Nummer	Erneuerung, Ersatz oder erstmaliger Einbau von Außenbauteilen	Wohngebäude und Zonen von Nichtwohngebäuden mit Raum-Solltemperatur ≥ 19 °C	Zonen von Nichtwohngebäuden mit Raum-Solltemperatur von 12 bis < 19 °C

		Höchstwerte der Wärmedurchgangskoeffizienten U_{max}	
	Bauteilgruppe: Außenwände		
1a[1]	Außenwände: – Ersatz oder – erstmaliger Einbau	U = 0,24 W/(m²·K)	U = 0,35 W/(m²·K)
1b[1, 2]	Außenwände: – Anbringen von Bekleidungen (Platten oder plattenartige Bauteile), Verschalungen, Mauervorsatzschalen oder Dämmschichten auf der Außenseite einer bestehenden Wand oder – Erneuerung des Außenputzes einer bestehenden Wand	U = 0,24 W/(m²·K)	U = 0,35 W/(m²·K)
	Bauteilgruppe: Fenster, Fenstertüren, Dachflächenfenster, Glasdächer, Außentüren und Vorhangfassaden		
2a	Gegen Außenluft abgrenzende Fenster und Fenstertüren: – Ersatz oder erstmaliger Einbau des gesamten Bauteils oder – Einbau zusätzlicher Vor- oder Innenfenster	U_w = 1,3 W/(m²·K)	U_w = 1,9 W/(m²·K)
2b	Gegen Außenluft abgrenzende Dachflächenfenster: – Ersatz oder erstmaliger Einbau des gesamten Bauteils oder – Einbau zusätzlicher Vor- oder Innenfenster	U_w = 1,4 W/(m²·K)	U_w = 1,9 W/(m²·K)
2c[3]	Gegen Außenluft abgrenzende Fenster, Fenstertüren und Dachflächenfenster: – Ersatz der Verglasung oder verglaster Flügelrahmen	U_g = 1,1 W/(m²·K)	Keine Anforderung
2d	Vorhangfassaden in Pfosten-Riegel-Konstruktion, deren Bauart DIN EN ISO 12631: 2018-01 entspricht: – Ersatz oder erstmaliger Einbau des gesamten Bauteils	U_c = 1,5 W/(m²·K)	U_c = 1,9 W/(m²·K)

Nummer	Erneuerung, Ersatz oder erstmaliger Einbau von Außenbauteilen	Wohngebäude und Zonen von Nichtwohngebäuden mit Raum-Solltemperatur ≥ 19 °C	Zonen von Nichtwohngebäuden mit Raum-Solltemperatur von 12 bis < 19 °C
2e[3]	Gegen Außenluft abgrenzende Glasdächer: – Ersatz oder erstmaliger Einbau des gesamten Bauteils oder – Ersatz der Verglasung oder verglaster Flügelrahmen	U_w/U_g = 2,0 W/(m²·K)	U_w/U_g = 2,7 W/(m²·K)
2f	Gegen Außenluft abgrenzende Fenstertüren mit Klapp-, Falt-, Schiebe- oder Hebemechanismus: – Ersatz oder erstmaliger Einbau des gesamten Bauteils	U_w = 1,6 W/(m²·K)	U_w = 1,9 W/(m²·K)
3a[4]	Gegen Außenluft abgrenzende Fenster, Fenstertüren und Dachflächenfenster mit Sonderverglasung: – Ersatz oder erstmaliger Einbau des gesamten Bauteils oder – Einbau zusätzlicher Vor- oder Innenfenster	U_w/U_g = 2,0 W/(m²·K)	U_w/U_g = 2,8 W/(m²·K)
3b[4]	Gegen Außenluft abgrenzende Fenster, Fenstertüren und Dachflächenfenster mit Sonderverglasung: – Ersatz der Sonderverglasung oder verglaster Flügelrahmen	U_g = 1,6 W/(m²·K)	Keine Anforderung
3c[3,4]	Vorhangfassaden in Pfosten-Riegel-Konstruktion, deren Bauart DIN EN ISO 12631: 2018-01 entspricht, mit Sonderverglasung: – Ersatz oder erstmaliger Einbau des gesamten Bauteils	U_c = 2,3 W/(m²·K)	U_c = 3,0 W/(m²·K)
4	Einbau neuer Außentüren (ohne rahmenlose	U = 1,8 W/(m²·K)	U = 1,8 W/(m²·K)

Nummer	Erneuerung, Ersatz oder erstmaliger Einbau von Außenbauteilen	Wohngebäude und Zonen von Nichtwohngebäuden mit Raum-Solltemperatur ≥ 19 °C	Zonen von Nichtwohngebäuden mit Raum-Solltemperatur von 12 bis < 19 °C
	Türanlagen aus Glas, Karusselltüren und kraftbetätigte Türen)	(Türfläche)	(Türfläche)
	Bauteilgruppe: Dachflächen sowie Decken und Wände gegen unbeheizte Dachräume		
5a[1]	Gegen Außenluft abgrenzende Dachflächen einschließlich Dachgauben sowie gegen unbeheizte Dachräume abgrenzende Decken (oberste Geschossdecken) und Wände (einschließlich Abseitenwände): – Ersatz oder – erstmaliger Einbau Anzuwenden nur auf opake Bauteile	$U = 0{,}24\ W/(m^2 \cdot K)$	$U = 0{,}35\ W/(m^2 \cdot K)$
5b[1,5]	Gegen Außenluft abgrenzende Dachflächen einschließlich Dachgauben sowie gegen unbeheizte Dachräume abgrenzende Decken (oberste Geschossdecken) und Wände (einschließlich Abseitenwände): – Ersatz oder Neuaufbau einer Dachdeckung einschließlich der darunter liegenden Lattungen und Verschalungen oder – Aufbringen oder Erneuerung von Bekleidungen oder Verschalungen oder Einbau von Dämmschichten auf der kalten Seite von Wänden oder – Aufbringen oder Erneuerung von Bekleidungen oder Verschalungen oder Einbau von Dämmschichten auf der kalten Seite von obersten Geschossdecken Anzuwenden nur auf opake Bauteile	$U = 0{,}24\ W/(m^2 \cdot K)$	$U = 0{,}35\ W/(m^2 \cdot K)$
5c[1,5]	Gegen Außenluft abgrenzende Dachflächen	$U = 0{,}20\ W/(m^2 \cdot K)$	$U = 0{,}35\ W/(m^2 \cdot K)$

Nummer	Erneuerung, Ersatz oder erstmaliger Einbau von Außenbauteilen	Wohngebäude und Zonen von Nichtwohngebäuden mit Raum-Solltemperatur ≥ 19 °C	Zonen von Nichtwohngebäuden mit Raum-Solltemperatur von 12 bis < 19 °C
	mit Abdichtung: – Ersatz einer Abdichtung, die flächig das Gebäude wasserdicht abdichtet, durch eine neue Schicht gleicher Funktion (bei Kaltdachkonstruktionen einschließlich darunter liegender Lattungen) Anzuwenden nur auf opake Bauteile		
Bauteilgruppe: Wände gegen Erdreich oder unbeheizte Räume (mit Ausnahme von Dachräumen) sowie Decken nach unten gegen Erdreich, Außenluft oder unbeheizte Räume			
6a[1]	Wände, die an Erdreich oder an unbeheizte Räume (mit Ausnahme von Dachräumen) grenzen, und Decken, die beheizte Räume nach unten zum Erdreich oder zu unbeheizten Räumen abgrenzen: – Ersatz oder – erstmaliger Einbau	$U = 0{,}30\ W/(m^2 \cdot K)$	Keine Anforderung
6b[1,5]	Wände, die an Erdreich oder an unbeheizte Räume (mit Ausnahme von Dachräumen) grenzen, und Decken, die beheizte Räume nach unten zum Erdreich oder zu unbeheizten Räumen abgrenzen: – Anbringen oder Erneuern von außenseitigen Bekleidungen oder Verschalungen, Feuchtigkeitssperren oder Drainagen oder – Anbringen von Deckenbekleidungen auf der Kaltseite	$U = 0{,}30\ W/(m^2 \cdot K)$	Keine Anforderung
6c[1,5]	Decken, die beheizte Räume nach unten zum	$U = 0{,}50\ W/(m^2 \cdot K)$	Keine Anforderung

Nummer	Erneuerung, Ersatz oder erstmaliger Einbau von Außenbauteilen	Wohngebäude und Zonen von Nichtwohngebäuden mit Raum-Solltemperatur ≥ 19 °C	Zonen von Nichtwohngebäuden mit Raum-Solltemperatur von 12 bis < 19 °C
	Erdreich, zur Außenluft oder zu unbeheizten Räumen abgrenzen: – Aufbau oder Erneuerung von Fußbodenaufbauten auf der beheizten Seite		
6d[1]	Decken, die beheizte Räume nach unten zur Außenluft abgrenzen: – Ersatz oder – Erstmaliger Einbau	U = 0,24 W/(m²·K)	U = 0,35 W/(m²·K)
6e[1,5]	Decken, die beheizte Räume nach unten zur Außenluft abgrenzen, – Anbringen oder Erneuern von außenseitigen Bekleidungen oder Verschalungen, Feuchtigkeitssperren oder Drainagen oder – Anbringen von Deckenbekleidungen auf der Kaltseite	U = 0,24 W/(m²·K)	U = 0,35 W/(m²·K)

[1] Werden Maßnahmen nach den Nummern 1a, 1b, 5a, 5b, 5c, 6a, 6b, 6c, 6d oder 6e ausgeführt und ist die Dämmschichtdicke im Rahmen dieser Maßnahmen aus technischen Gründen begrenzt, so gelten die Anforderungen als erfüllt, wenn die nach anerkannten Regeln der Technik höchstmögliche Dämmschichtdicke eingebaut wird, wobei ein Bemessungswert der Wärmeleitfähigkeit von λ = 0,035 W/(m·K) einzuhalten ist. Abweichend von Satz 1 ist ein Bemessungswert der Wärmeleitfähigkeit von λ = 0,045 W/(m·K) einzuhalten, soweit Dämmmaterialien in Hohlräume eingeblasen oder Dämmmaterialien aus nachwachsenden Rohstoffen verwendet werden. Wird bei Maßnahmen nach Nummer 5b eine Dachdeckung einschließlich darunter liegender Lattungen und Verschalungen ersetzt oder neu aufgebaut, sind die Sätze 1 und 2 entsprechend anzuwenden, wenn der Wärmeschutz als Zwischensparrendämmung ausgeführt wird und die Dämmschichtdicke wegen einer innenseitigen Bekleidung oder der Sparrenhöhe begrenzt ist. Die Sätze 1 bis 3 sind bei Maßnahmen nach den Nummern 5a, 5b, und 5c nur auf opake Bauteile anzuwenden.

Nummer	Erneuerung, Ersatz oder erstmaliger Einbau von Außenbauteilen	Wohngebäude und Zonen von Nichtwohngebäuden mit Raum-Solltemperatur ≥ 19 °C	Zonen von Nichtwohngebäuden mit Raum-Solltemperatur von 12 bis < 19 °C

2

Werden Maßnahmen nach Nummer 1b ausgeführt, müssen die dort genannten Anforderungen nicht eingehalten werden, wenn die Außenwand nach dem 31. Dezember 1983 unter Einhaltung energiesparrechtlicher Vorschriften errichtet oder erneuert worden ist.

3

Bei Ersatz der Verglasung oder verglaster Flügelrahmen gelten die Anforderungen nach den Nummern 2c, 2e und 3c nicht, wenn der vorhandene Rahmen zur Aufnahme der vorgeschriebenen Verglasung ungeeignet ist. Werden bei Maßnahmen nach Nummer 2c oder bei Maßnahmen nach Nummer 2e Verglasungen oder verglaste Flügelrahmen ersetzt und ist die Glasdicke im Rahmen dieser Maßnahmen aus technischen Gründen begrenzt, so gelten die Anforderungen als erfüllt, wenn eine Verglasung mit einem Wärmedurchgangskoeffizienten von höchstens 1,3 $W/(m^2 \cdot K)$ eingebaut wird. Werden Maßnahmen nach Nummer 2c an Kasten- oder Verbundfenstern durchgeführt, so gelten die Anforderungen als erfüllt, wenn eine Glastafel mit einer infrarot-reflektierenden Beschichtung mit einer Emissivität $\varepsilon_n \leq 0{,}2$ eingebaut wird.

4

Sonderverglasungen im Sinne der Nummern 3a, 3b und 3c sind

–

Schallschutzverglasungen mit einem bewerteten Schalldämmmaß der Verglasung von $R_{w,R} \geq 40$ dB nach DIN EN ISO 717-1: 2013-06 oder einer vergleichbaren Anforderung,

–

Isolierglas-Sonderaufbauten zur Durchschusshemmung, Durchbruchhemmung oder Sprengwirkungshemmung nach anerkannten Regeln der Technik oder

–

Isolierglas-Sonderaufbauten als Brandschutzglas mit einer Einzelelementdicke von mindestens 18 mm nach DIN 4102-13: 1990-05 oder einer vergleichbaren Anforderung.

5

Werden Maßnahmen nach den Nummern 5b, 5c, 6b, 6c oder 6e ausgeführt, müssen die dort genannten Anforderungen nicht eingehalten werden, wenn die Bauteilfläche nach dem 31. Dezember 1983 unter Einhaltung energiesparrechtlicher Vorschriften errichtet oder erneuert worden ist.

Anlage 8 (zu den §§ 69, 70 und 71 Absatz 1)
Anforderungen an die Wärmedämmung von Rohrleitungen und Armaturen

(Fundstelle: BGBl. I 2020, 1787)

1.

Wärmedämmung von Wärmeverteilungs- und Warmwasserleitungen sowie Armaturen in den Fällen des § 69 und § 71 Absatz 1

a)

Wärmeverteilungs- und Warmwasserleitungen sowie Armaturen sind wie folgt zu dämmen:

aa)

Bei Leitungen und Armaturen mit einem Innendurchmesser von bis zu 22 Millimetern beträgt die Mindestdicke der Dämmschicht, bezogen auf eine Wärmeleitfähigkeit von 0,035 Watt pro Meter und Kelvin, 20 Millimeter.

bb)

Bei Leitungen und Armaturen mit einem Innendurchmesser von mehr als 22 Millimetern und bis zu 35 Millimetern beträgt die Mindestdicke der Dämmschicht, bezogen auf eine Wärmeleitfähigkeit von 0,035 Watt pro Meter und Kelvin, 30 Millimeter.

cc)

Bei Leitungen und Armaturen mit einem Innendurchmesser von mehr als 35 Millimetern und bis zu 100 Millimetern ist die Mindestdicke der Dämmschicht, bezogen auf eine Wärmeleitfähigkeit von 0,035 Watt pro Meter und Kelvin, gleich dem Innendurchmesser.

dd)

Bei Leitungen und Armaturen mit einem Innendurchmesser von mehr als 100 Millimetern beträgt die Mindestdicke der Dämmschicht, bezogen auf eine Wärmeleitfähigkeit von 0,035 Watt pro Meter und Kelvin, 100 Millimeter.

ee)

Bei Leitungen und Armaturen nach den Doppelbuchstaben aa bis dd, die sich in Wand- und Deckendurchbrüchen, im Kreuzungsbereich von Leitungen, an Leitungsverbindungsstellen oder bei zentralen Leitungsnetzverteilern befinden, beträgt die Mindestdicke der Dämmschicht, bezogen auf eine Wärmeleitfähigkeit von 0,035 Watt pro Meter und Kelvin, die Hälfte des jeweiligen Wertes nach den Doppelbuchstaben aa bis dd.

ff)

Bei Wärmeverteilungsleitungen nach den Doppelbuchstaben aa bis dd, die nach dem 31. Januar 2002 in Bauteilen zwischen beheizten Räumen verschiedener Nutzer verlegt werden, beträgt die Mindestdicke der Dämmschicht, bezogen auf eine Wärmeleitfähigkeit von 0,035 Watt pro Meter und Kelvin, die Hälfte des jeweiligen Wertes nach den Doppelbuchstaben aa bis dd.

gg)

Bei Leitungen und Armaturen nach Doppelbuchstabe ff, die sich in einem Fußbodenaufbau befinden, beträgt die Mindestdicke der Dämmschicht, bezogen auf eine Wärmeleitfähigkeit von 0,035 Watt pro Meter und Kelvin, 6 Millimeter.

hh)

Soweit in den Fällen des § 69 Wärmeverteilungs- und Warmwasserleitungen an Außenluft grenzen, beträgt die Mindestdicke der Dämmschicht, bezogen auf eine Wärmeleitfähigkeit von 0,035 Watt pro Meter und Kelvin, das Zweifache des jeweiligen Wertes nach den Doppelbuchstaben aa bis dd.

b)

In den Fällen des § 69 ist Buchstabe a nicht anzuwenden, soweit sich Wärmeverteilungsleitungen nach Buchstabe a Doppelbuchstabe aa bis dd in beheizten Räumen oder in Bauteilen zwischen beheizten Räumen eines Nutzers befinden und ihre Wärmeabgabe durch frei liegende Absperreinrichtungen beeinflusst werden kann.

c)

In Fällen des § 69 ist Buchstabe a nicht anzuwenden auf Warmwasserleitungen bis zu einem Wasserinhalt von 3 Litern, die weder in den Zirkulationskreislauf einbezogen noch mit elektrischer Begleitheizung ausgestattet sind

(Stichleitungen) und sich in beheizten Räumen befinden.

2.

Wärmedämmung von Kälteverteilungs- und Kaltwasserleitungen sowie Armaturen in den Fällen des § 70

Bei Kälteverteilungs- und Kaltwasserleitungen sowie Armaturen von Raumlufttechnik- und Klimakältesystemen beträgt die Mindestdicke der Dämmschicht, bezogen auf eine Wärmeleitfähigkeit von 0,035 Watt pro Meter und Kelvin, 6 Millimeter.

3.

Materialien mit anderen Wärmeleitfähigkeiten

Bei Materialien mit anderen Wärmeleitfähigkeiten als 0,035 Watt pro Meter und Kelvin sind die Mindestdicken der Dämmschichten entsprechend umzurechnen. Für die Umrechnung und die Wärmeleitfähigkeit des Dämmmaterials sind die in anerkannten Regeln der Technik enthaltenen Berechnungsverfahren und Rechenwerte zu verwenden.

4.

Gleichwertige Begrenzung

Bei Wärmeverteilungs- und Warmwasserleitungen sowie Kälteverteilungs- und Kaltwasserleitungen dürfen die Mindestdicken der Dämmschichten nach den Nummern 1 und 2 insoweit vermindert werden, als eine gleichwertige Begrenzung der Wärmeabgabe oder der Wärmeaufnahme auch bei anderen Rohrdämmstoffanordnungen und unter Berücksichtigung der Dämmwirkung der Leitungswände sichergestellt ist.

Anlage 9 (zu § 85 Absatz 6)
Umrechnung in Treibhausgasemissionen

(Fundstelle: BGBl. I 2020, 1788 - 1789; bezüglich der einzelnen Änderungen vgl. Fußnote)

1.

Angabe in Energiebedarfsausweisen

Die mit dem Gebäudebetrieb verbundene emittierte Menge von Treibhausgasen berechnet sich für die Angabe in Energiebedarfsausweisen wie folgt:

a)

Die Treibhausgasemissionen berechnen sich bei fossilen Brennstoffen, bei Biomasse, bei Strom und bei Abwärme aus dem Produkt des nach § 20 oder nach § 21 ermittelten endenergetischen Bedarfswerts des Gebäudes bezüglich des betreffenden Energieträgers und dem auf die eingesetzte Energiemenge bezogenen Emissionsfaktor nach Nummer 3. Der Emissionsfaktor für „gebäudenahe Erzeugung“ bei gasförmiger und flüssiger Biomasse darf dabei nur verwendet werden, wenn die Voraussetzungen des § 22 Absatz 1 Nummer 1 oder Nummer 2 erfüllt sind.

b)

Wird Wärme aus einer gebäudeintegrierten oder gebäudenahen Kraft-Wärme-Kopplungsanlage bezogen, ist der Emissionsfaktor nach DIN V 18599-9: 2018-09 unter sinngemäßer Anwendung der einschlägigen Regelungen in DIN V 18599-1: 2018-09 Anhang A Abschnitt A.4 zu bestimmen und jeweils mit dem nach § 20 oder nach § 21 ermittelten, durch die Kraft-Wärme-Kopplungsanlage gedeckten endenergetischen Bedarfswert des Gebäudes zu multiplizieren.

c)

Wird Fernwärme oder -kälte zur Deckung des Endenergiebedarfs (Wärme, Kälte) eingesetzt, die ganz oder teilweise aus Kraft-Wärme-Kopplungsanlagen stammt, und hat der Betreiber des Wärmenetzes einen Emissionsfaktor auf der Grundlage der DIN V 18599-1: 2018-09 Anhang A Abschnitt A.4 und unter Verwendung der Emissionsfaktoren nach Nummer 3 ermittelt und veröffentlicht, ist dieser Emissionsfaktor zu verwenden und mit dem nach § 20 oder nach § 21 ermittelten endenergetischen Bedarfswert des Gebäudes zu multiplizieren.

d)

Wird Fernwärme oder -kälte zur Deckung des Endenergiebedarfs (Wärme, Kälte) eingesetzt, die ganz oder teilweise aus Kraft-Wärme-Kopplungsanlagen stammt, und hat der Betreiber des Versorgungsnetzes keinen Emissionsfaktor ermittelt und veröffentlicht, ist der auf die für die Fernwärme oder -kälte eingesetzten Brennstoffe bezogene Emissionsfaktor nach Nummer 3 zu verwenden und mit dem nach § 20 oder nach § 21 ermittelten endenergetischen Bedarfswert des Gebäudes zu multiplizieren.

e)
Bei der Ermittlung der Emissionsfaktoren nach Buchstabe c sind die Vorkettenemissionen der einzelnen Energieträger und die Netzverluste zu berücksichtigen. Zur Berücksichtigung der Vorkettenemissionen kann ein pauschaler Aufschlag von 20 Prozent, mindestens aber von 40 Gramm Kohlendioxid-Äquivalent pro Kilowattstunde, auf den ohne Berücksichtigung der Vorkettenemissionen bestimmten Emissionsfaktor angewendet werden.

f)
Falls der Wärme-, Kälte- und Strombedarf des Gebäudes aus unterschiedlichen Brennstoffen und Energieträgern gedeckt wird, so ist die Gesamttreibhausgasemission als die Summe der nach § 20 oder nach § 21 ermittelten endenergetischen Bedarfswerte des Gebäudes bezüglich der einzelnen Brennstoffe und Energieträger, jeweils multipliziert mit den betreffenden Emissionsfaktoren, zu ermitteln.

g)
(weggefallen)

h)
(weggefallen)

2.

Angabe in Energieverbrauchsausweisen

Die mit dem Gebäudebetrieb verbundenen Treibhausgasemissionen berechnen sich als Summe der Energieverbrauchswerte aus dem Energieverbrauchsausweis bezüglich der einzelnen Energieträger, jeweils multipliziert mit den entsprechenden Emissionsfaktoren nach Nummer 3.

3.

Emissionsfaktoren

Nummer	Kategorie	Energieträger	Emissionsfaktor [g CO_2-Äquivalent pro kWh]
1	Fossile Brennstoffe	Heizöl	310
2		Erdgas	240
3		Flüssiggas	270
4		Steinkohle	400
5		Braunkohle	430
6	Biogene Brennstoffe	Biogas	140
7		Biogas, gebäudenah erzeugt	75
8		Biogenes Flüssiggas	180
9		Bioöl	210
10		Bioöl, gebäudenah erzeugt	105

Nummer	Kategorie	Energieträger	Emissionsfaktor [g CO_2-Äquivalent pro kWh]
11		Holz	20
12	Strom	netzbezogen	560
13		gebäudenah erzeugt (aus Photovoltaik oder Windkraft)	0
14		Verdrängungsstrommix	860
15	Wärme, Kälte	Erdwärme, Geothermie, Solarthermie, Umgebungswärme	0
16		Erdkälte, Umgebungskälte	0
17		Abwärme aus Prozessen	40
18		Wärme aus KWK, gebäudeintegriert oder gebäudenah	nach DIN V 18599-9: 2018-09
19		Wärme aus Verbrennung von Siedlungsabfällen (unter pauschaler Berücksichtigung von Hilfsenergie und Stützfeuerung)	20
20	Nah-/Fernwärme aus KWK mit Deckungsanteil der KWK an der Wärmeerzeugung von mindestens 70 Prozent	Brennstoff: Stein-/Braunkohle	300
21		Gasförmige und flüssige Brennstoffe	180
22		Erneuerbarer Brennstoff	40
23	Nah-/Fernwärme aus Heizwerken	Brennstoff: Stein-/Braunkohle	400
24		Gasförmige und flüssige Brennstoffe	300
25		Erneuerbarer Brennstoff	60

Anlage 10 (zu § 86)
Energieeffizienzklassen von Wohngebäuden

(Fundstelle: BGBl. I 2020, 1790)

Energieeffizienzklasse	Endenergie [Kilowattstunden pro Quadratmeter Gebäudenutzfläche und Jahr]
A+	≤ 30
A	≤ 50
B	≤ 75
C	≤ 100
D	≤ 130
E	≤ 160
F	≤ 200
G	≤ 250
H	> 250

Anlage 11 (zu § 88 Absatz 2 Nummer 2) Anforderungen an die Inhalte der Schulung für die Berechtigung zur Ausstellung von Energieausweisen

(Fundstelle: BGBl. I 2020, 1791 - 1792)

1.

Zweck der Schulung

Die nach § 88 Absatz 2 Nummer 2 verlangte Schulung soll die Aussteller von Energieausweisen in die Lage versetzen, bei der Ausstellung solcher Energieausweise die Vorschriften dieses Gesetzes einschließlich des technischen Regelwerks zum energiesparenden Bauen sachgemäß anzuwenden. Die Schulung soll praktische Übungen einschließen und insbesondere die im Folgenden genannten Fachkenntnisse vermitteln.

2.

Inhaltliche Schwerpunkte der Schulung zu Wohngebäuden

a)

Bestandsaufnahme und Dokumentation des Gebäudes, der Baukonstruktion und der technischen Anlagen

Ermittlung, Bewertung und Dokumentation des Einflusses der geometrischen und energetischen Kennwerte der Gebäudehülle einschließlich aller Einbauteile und Wärmebrücken, der Luftdichtheit und Erkennen von Leckagen, der bauphysikalischen Eigenschaften von Baustoffen und Bauprodukten einschließlich der damit verbundenen konstruktiv-statischen Aspekte, der energetischen Kennwerte von anlagentechnischen Komponenten einschließlich deren Betriebseinstellung und Wartung, der Auswirkungen des Nutzerverhaltens und von Leerstand und von Klimarandbedingungen und Witterungseinflüssen auf den Energieverbrauch.

b)

Beurteilung der Gebäudehülle

Ermittlung von Eingangs- und Berechnungsgrößen für die energetische Berechnung, wie zum Beispiel Wärmeleitfähigkeit, Wärmedurchlasswiderstand, Wärmedurchgangskoeffizient, Transmissionswärmeverlust, Lüftungswärmebedarf und nutzbare interne und solare Wärmegewinne. Durchführung der erforderlichen Berechnungen nach DIN V 18599 oder DIN V 4108-6 sowie Anwendung vereinfachter Annahmen und Berechnungs- und Beurteilungsmethoden. Berücksichtigung von Maßnahmen des sommerlichen Wärmeschutzes und Berechnung nach DIN 4108-2, Kenntnisse über Luftdichtheitsmessungen und die Ermittlung der Luftdichtheitsrate.

c)
Beurteilung von Heizungs- und Warmwasserbereitungsanlagen

Detaillierte Beurteilung von Komponenten einer Heizungsanlage zur Wärmeerzeugung, Wärmespeicherung, Wärmeverteilung und Wärmeabgabe. Kenntnisse über die Interaktion von Gebäudehülle und Anlagentechnik, Durchführung der Berechnungen nach DIN V 18599 oder DIN V 4701-10, Beurteilung von Systemen der alternativen und erneuerbaren Energie- und Wärmeerzeugung.

d)
Beurteilung von Lüftungs- und Klimaanlagen

Bewertung unterschiedlicher Arten von Lüftungsanlagen und deren Konstruktionsmerkmalen, Berücksichtigung der Brand- und Schallschutzanforderungen für lüftungstechnische Anlagen, Durchführung der Berechnungen nach DIN V 18599 oder DIN V 4701-10, Grundkenntnisse über Klimaanlagen.

e)
Erbringung der Nachweise

Kenntnisse über energetische Anforderungen an Wohngebäude und das Bauordnungsrecht, insbesondere des Mindestwärmeschutzes, die Durchführung der Nachweise und Berechnungen des Jahres-Primärenergiebedarfs, die Ermittlung des Energieverbrauchs und seine rechnerische Bewertung einschließlich der Witterungsbereinigung und über die Ausstellung eines Energieausweises.

f)
Grundlagen der Beurteilung von Modernisierungsempfehlungen einschließlich ihrer technischen Machbarkeit und Wirtschaftlichkeit

Kenntnisse und Erfahrungswerte über Amortisations- und Wirtschaftlichkeitsberechnung für einzelne Bauteile und Anlagen einschließlich Investitionskosten und Kosteneinsparungen, über erfahrungsgemäß wirtschaftlich rentable, im Allgemeinen verwirklichungsfähige Modernisierungsempfehlungen für kosteneffiziente Verbesserungen der energetischen Eigenschaften des Wohngebäudes, über Vor- und Nachteile bestimmter Verbesserungsvorschläge unter Berücksichtigung bautechnischer und rechtlicher Rahmenbedingungen (zum Beispiel bei Wechsel des Heizenergieträgers, Grenzbebauung, Grenzabstände), über aktuelle Förderprogramme, über tangierte bauphysikalische und statisch-konstruktive Einflüsse, wie zum Beispiel Wärmebrücken, Tauwasseranfall (Kondensation), Wasserdampftransport, Schimmelpilzbefall, Bauteilanschlüsse und Vorschläge für weitere Abdichtungsmaßnahmen, über die Auswahl von Materialien zur Herstellung der Luftdichtheit nach den Gesichtspunkten der Verträglichkeit der Wirksamkeit sowie der Dauerhaftigkeit und über Auswirkungen von wärmeschutztechnischen Maßnahmen auf den Schall- und Brandschutz. Erstellung erfahrungsgemäß wirtschaftlich rentabler, im Allgemeinen verwirklichungsfähiger Modernisierungsempfehlungen für kosteneffiziente Verbesserungen der energetischen Eigenschaften.

3.

Inhaltliche Schwerpunkte der Schulung zu Nichtwohngebäuden

Zusätzlich zu den unter Nummer 2 aufgeführten Schwerpunkten soll die Schulung insbesondere die nachfolgenden Fachkenntnisse zu Nichtwohngebäuden vermitteln:

a)
Bestandsaufnahme und Dokumentation des Gebäudes, der Baukonstruktion und der technischen Anlagen

Energetische Modellierung eines Gebäudes – hierzu gehören beheiztes oder gekühltes Volumen, konditionierte oder nicht konditionierte Räume, Versorgungsbereich der Anlagentechnik –, Ermittlung der Systemgrenze und Einteilung des Gebäudes in Zonen nach entsprechenden Nutzungsrandbedingungen, Zuordnung von geometrischen und energetischen Kenngrößen zu den Zonen und Versorgungsbereichen, Zusammenwirken von Gebäude und Anlagentechnik mit Verrechnung von Bilanzanteilen, Anwendung vereinfachter Verfahren, zum Beispiel die Anwendung des Ein-Zonen-Modells, Bestimmung von Wärmequellen und -senken und des Nutzenergiebedarfs von Zonen, Ermittlung, Bewertung und Dokumentation der energetischen Kennwerte von raumlufttechnischen Anlagen, insbesondere von Klimaanlagen, und Beleuchtungssystemen.

b)
Beurteilung der Gebäudehülle

Ermittlung von Eingangs- und Berechnungsgrößen und energetische Bewertung von Fassadensystemen, insbesondere von Vorhang- und Glasfassaden, Bewertung von Systemen für den sommerlichen Wärmeschutz und von Verbauungs- und Verschattungssituationen.

c)
Beurteilung von Heizungs- und Warmwasserbereitungsanlagen

Berechnung des Endenergiebedarfs für Heizungs- und Warmwasserbereitung einschließlich der Verluste in den technischen Prozessschritten nach DIN V 18599-5 und DIN V 18599-8, Beurteilung von Kraft-Wärme-Kopplungsanlagen nach DIN V 18599-9, Bilanzierung von Nah- und Fernwärmesystemen und der Nutzung erneuerbarer Energien.

d)
Beurteilung von raumlufttechnischen Anlagen und sonstigen Anlagen zur Kühlung

Berechnung des Kühlbedarfs von Gebäuden (Nutzkälte) und der Nutzenergie für die Luftaufbereitung, Bewertung unterschiedlicher Arten von raumlufttechnischen Anlagen und deren Konstruktionsmerkmalen, Berücksichtigung der Brand- und Schallschutzanforderungen für diese Anlagen, Berechnung des Energiebedarfs für die Befeuchtung mit einem Dampferzeuger, Ermittlung von Übergabe- und Verteilverlusten, Bewertung von Bauteiltemperierungen, Durchführung der Berechnungen nach DIN V 18599-2, DIN V 18599-3 und DIN V 18599-7 und der Nutzung erneuerbarer Energien.

e)
Beurteilung von Beleuchtungs- und Belichtungssystemen

Berechnung des Endenergiebedarfs für die Beleuchtung nach DIN V 18599-4, Bewertung der Tageslichtnutzung, zum Beispiel der Fenster, der Tageslichtsysteme, des Beleuchtungsniveaus, des Wartungswertes sowie der Beleuchtungsstärke, der tageslichtabhängigen Kunstlichtregelung, zum Beispiel der Art, der Kontrollstrategie, des Funktionsumfangs, sowie des Schaltsystems und der Kunstlichtbeleuchtung, zum Beispiel der Lichtquelle, der Vorschaltgeräte sowie der Leuchten.

f)
Erbringung der Nachweise

Kenntnisse über energetische Anforderungen an Nichtwohngebäude und das Bauordnungsrecht, insbesondere den Mindestwärmeschutz, Durchführung der Nachweise und Berechnungen des Jahres-Primärenergiebedarfs, Ermittlung des Energieverbrauchs und seine rechnerische Bewertung einschließlich der Witterungsbereinigung, Ausstellung eines Energieausweises.

g)
Grundlagen der Beurteilung von Modernisierungsempfehlungen einschließlich ihrer technischen Machbarkeit und Wirtschaftlichkeit

Erstellung von erfahrungsgemäß wirtschaftlich rentablen, im Allgemeinen verwirklichungsfähigen Modernisierungsempfehlungen für kosteneffiziente Verbesserungen der energetischen Eigenschaften für Nichtwohngebäude.

4.

Umfang der Schulung

Der Umfang der Fortbildung insgesamt sowie der einzelnen Schwerpunkte soll dem Zweck und den Anforderungen dieser Anlage sowie der Vorbildung der jeweiligen Teilnehmer Rechnung tragen.

Notizen

Die Gesetzestexte sowie sonstige Inhalte wurden einer sorgfältigen Überprüfung unterzogen. Es kann jedoch nicht vollständig ausgeschlossen werden, dass fehlerhafte Texte auftreten, sodass keine Haftung für Druckfehler, Richtigkeit, Aktualität und Vollständigkeit übernommen werden kann. Teilweise handelt es sich um Auszüge aus dem Gesetz.

Impressum:

ISBN: 9798513319917
Verlag und Herstellung: Independently published
GesetzNavigator360, c/o Block Services, Stuttgarter Str. 106, 70736 Fellbach

Printed in Poland
by Amazon Fulfillment
Poland Sp. z o.o., Wrocław

35197111R00056